福島町の議会改革

議会基本条例

開かれた議会づくりの集大成

溝部幸基　（福島町議会議長）
石堂一志　（福島町議会事務局長）
中尾　修　（東京財団研究員・前栗山町議会事務局長）
神原　勝　（北海学園大学法学部教授）

北海道自治研ブックレットNo．3

【目次】

1　福島町というまち

神原　福島町議会はかれこれ一〇年以上にわたり議会改革に取り組んできて、二〇〇九年三月に「福島町議会基本条例」を制定しました。現在、議会基本条例を制定した議会は全国で一〇〇を超えましたが、条例としては非常に整備されていて具体性にも富んでいます。初発の栗山町の議会基本条例と合わせると、この二つの条例で、全国各地の条例に規定された内容の九〇％はカバーしているといっていいと思います。

北海道地方自治研究所ではこれまで所報「北海道自治研究」で、栗山町の議会改革については詳しく報じてきましたが（二〇〇六年六月・第四四九号、二〇〇八年七月・第四七四号）、本日の座談会は、溝部議長と石堂事務局長に福島町議会改革と議会基本条例についてお話いただき、その特色と意義を明らかにして読者に伝えたいと考えています。また、中尾さんは昨年三月に栗山町議会事務局長を定年退職されてからは、東京財団の研究員として全国各地の議会改革、議会基本条例の状況を広く見ておられますので、全国的な観点からお話を含めてお願いしたいと思います。

道南の福島町というと、横綱千代の山、千代の富士を生んだ相撲の町、青函トンネルの海峡の町が思い浮かびますが、福島町とはどんなまちなのか、まず溝部議長さん、町を紹介していただけますか。

千代の山、千代の富士「横綱の里」の議会改革

溝部　福島町を紹介するとき三つの日本一があると説明します。一つは横綱千代の山と千代の富士で、小さなまちから二人も横綱が誕生し、横綱の里のまちづくりに取り組んでいます。
二つめは、鉄道トンネルでは世界最長の青函トンネルの北海道側の基地のまちです。トンネル建設工事では、良くも悪くも経済的に大きな影響を及ぼしてきました。三つめは、スルメの生産が日本一で、日本一美味しいスルメだと自負しています。津軽海峡に面して漁業と水産加工が基幹産業のまちです。

人口のピークは、隣の吉岡村と合併した翌年一九五六（昭和三一）年に一万三九六八人（一世帯六人）でしたが、二〇一〇年三月末では五三〇三人まで減少しており、過疎と少子高齢化の典型的なまちで、これが大きな悩みになっています。

二〇〇八年一二月、厚生労働省の人口問題研究所が二〇三五年の人口推計を公表し、北海道新聞に「福島町減少率全国九位」「マイナス六〇・六％、二三二一人」と報道されたので、町民のなかに衝撃が走りました。毎年の人口減少状況をみると、今後何も手立てをしなければ大幅に人口が減少するのは間違いなく、過疎と少子高齢化がまちづくりの大きな課題になっています。〇九年度の六五歳以上の高齢者比率は三六・二％、七五歳以上のいわゆる後期高齢者は一八・八％と高くなっています。

神原　三つの日本一の反面、過疎地共通の悩みである産業振興、少子高齢化を福島町も抱えているということですね。これに対して議会も立ち向かおうと、議会改革が始まりました。溝部さんは議長になる前は長く町議会議員をしておられるので、なぜ議会改革が始まったのか、本題のお話をお聞きする前に、改革のリーダーシップをとられた溝部さんのひととなりを少しお話ください。

溝部　議会との関わりの話しになりますが、二七歳のときに町議会議員に立候補しました。その頃はまだまちの青年団の活動が続いていて、当時の議長が函館の酒場で暴行事件を起こしたり、町民活動の拠点となる公民館がなかったので、ぜひ若い人を議員にしようという気運があり、議員になりました。

神原　その後、連続して議員をやられているのですか。

溝部　一度落選してそれが私にとっていい経験になり、三〇年議会で活動を続けています。道南は、ロッキード事件で有罪になった佐藤孝行、そして共和汚職事件で有罪になった阿部文男の二人の自民党国会議員の地盤で、保守的な考えの強いまちでしたから、なかなか改革がすすみませんでした。いまは様変わりしましたが、私が議員になった頃はそんな状況でした。

神原　石堂さんは議会事務局長になってから何年が経ち、また事務局職員は何人いるのでしょうか。

石堂　一九九六（平成八）年に議会事務局にきたときは溝部副議長で、九九年の改選を経て議長になり、今日まで続いてます。私は議会事務局長に次ぐ係長クラスから一五年目、局長になってから三年目です。

局長の私を含め事務局職員は三人で、そのほかに会議録を反訳する臨時の職員が一人います。会議録の作成は札幌の業者に委託をしていましたが、委託費と臨時職員の人件費は大体同じですし、地元で雇用をつくることと、かつ議会が直接雇用する様々なメリットがあるので、現在は町内から臨時職員を雇用しています。

議会のあり方の疑問が改革の出発点

神原　福島町議会は独自のホームページを持っていて、非常に優れた情報公開をしていますが、その謎のひとつが解けたような気がします。溝部議長がおっしゃるように保守的な町だったのに、どんなきっかけで議会改革をすすめることになったのですか。

溝部　議員になって、青年の代表として感じていた課題や公民館の建設など六項目にわたり初めて一般質問をしました。その頃は一問一答方式ではないので、まとめて最初に六項目を質問し、町長からまとめて一回目の答弁が返ってくるやり方でした。当時の町長は全道町村会の副会長も務めたベテランで、婉曲に答弁するのでよく解らない。

私が答弁漏れを何点か指摘して答弁が返ってきます。それは最初の質問の答弁漏れなので質問回数に含まないと考え、最後の三回目の質問のために挙手をすると、議長が質問は三回終了していいます、と言うのです。私は、答弁漏れに対する質問は回数に含まないと主張したのですが、受け入れられませんでした。

このとき、議員定数は現在の一二人より多い二六人でしたが、私と議長以外の議員はこのことについて賛同するとも否とも何も発言せず、沈黙したままでしたので、これはおかしいと感じました。これは一つの例ですが、その後も疑問に思うことがいろいろあり、これはいずれ変えなければならいと感じるようになりしました。

神原　いずれ大掛かりな議会の改革をしなければならないという思いをずっと胸に秘めてこられ、そしてしかるべき地位に就いときリーダーシップを発揮して改革をすすめる、ということだったのですね。

改革の動機や進め方は、自治体によって当然異なるわけですが、改革がすすむと大勢の視察者がやってきて、まず大きな関心を寄せて質問するのが、なぜこうした改革ができたのかということですね。初めての議会基本条例を制定した当時の栗山町議会事務局長だった中尾さんからみて、溝部議長さんのいまの話しをどう感じますか。

中尾　溝部議長が議員になられて自分のまちの議会のあり様に疑問に持ち、時間を経て議長に就任してから、それを一つずつていねいに改革してきました。どの議会でも、誰かが疑問を持って、現状を是認するのではなく、疑問をみんなに投げかけて一つずつ整理をしていくことが全国の議会改革で共通して見られます。

これまでの運営に馴染んで、いつのまにか初期の志を忘れてしまう議員の方が多いのが現状です。溝部議長のリーダーシップは当然ですけど、若い頃、一期目のときから疑問点を的確に把握していたことが大きかった。議員を何期も経て議長になるまで、問題意識を持ち続けたことが素晴らしいと思います。

議長、議員、事務局の信頼関係なくして改革は不可能

神原　町職員として、あるいは議会事務局職員として近くで見ておられた石堂さんはどんな印象を。

石堂　私が議会事務局に来た一九九六年当時、町職員として議会と議員に持っているイメージはよくありませんでした。もしかすると町民の多くもそうなのか、一般的な見方では議会に対するイメージはよくありませんでした。

ただこの当時、溝部さんは副議長として、議会運営委員会などで様々な提案をして徐々に改革をしていましたし、地方分権の時代になりました。全国町村議会議長会では佐藤竺先生を座長に

町村議会の活性化の方策をまとめ、また大森彌先生は分権議論のなかで議会の役割の重要性を強調していました。議会はいままでとは違う、いままでと同じではダメだと、しっかりした議会の仕組みがある、ということを議会事務局に来て初めて認識しました。

九九年から溝部議長になり、議会事務局として議長の考えについていろいろ議論し、議長と事務局が共通の問題意識を持つようにしました。小さなこと、気がついたことから改革を積み重ねてきましたが、たぶん議長はまだ不十分と思っているのではないでしょうか。

溝部　石堂さんが議会に来る前は社会教育を担当し、その頃から仕事でのつき合いが長かったので、互いに理解できるベースがあったと思います。

議員になって年数を経て、監査委員、総務常任委員会委員長とその立場で提言をしてきましたが、改革は簡単にはできません。九九年に議長に立候補しました。

前議長は三期を務め辞める意向だったので立候補したのですが、辞任を撤回して立候補し議長を争うことになりました。結果は、私が議長になったのですが、前議長が常に反対派という状況での議会運営ですし、また当時の議会事務局長が病気入院したため、議会事務局は石堂さんと女性職員、そして私の三人で半年の議会を乗り切るという大変な状況でした。このときの経験が大きな勉強になりました。石堂さんも同じだと思います。

神原　議会改革は議長のリーダーシップと、議会を支える事務局が呼吸を合わせなければ、なかなかすすまないと思いますが、中尾さんは経験的にどう思いますか。栗山町議会も橋場議長と議会事務局の呼吸が合ってこそ、改革が進展したと思いますが。

中尾　溝部議長のお話を聞いていて、議会改革の始まったころの私と橋場議長のことを思い出しました。議会改革は議長と議会事務局を中心とした議員との「チーム議会」というかたちになってすすむ。先日訪問した、人口四七万人の大分市議会も同じで、議長と議会事務局が言っていたのは、両者の二人三脚でなければ改革はすすまないということです。

政令市のような大きな自治体の議会だと、議員と議会事務局との間に距離があり、なかなか改革がすすまない。議会事務局のあり方は後のテーマにもなりますが、議長、議員と事務局相互の信頼関係を築いたところでなければ改革は遅遅としてすすまないと思っています。

溝部　事務局職員と議長が議論できる雰囲気をどこの議会でもなかなか作れていません。前議長とは私の父親ほどの年齢差がありましたが、いまの事務局職員と私との年齢差はそれほど大きくないので、いろいろな課題を議論しやすいのではと思っています。

職員も長く町長部局にいて、議会のことをあまり理解していないと、議会の立場で考え行動するのは難しいし、いずれは町長部局に戻るという気持ちが絶えずあると思います。町長部局としっかり対峙する議会事務局の体制と意識になるのは大きな課題です。だからこそ、議長、議員と事務局がいろいろ議論できる結びつき、信頼関係をつくるのが大切だと思います。

神原　議会をサポートする自立的な事務局体制を構築するための法制度改革は、改革の重さと緊急性でいえば議会改革の半分を占めるほど大きな問題だと思いますが、それが進まない現状では、議会と事務局の呼吸が合った議会なら改革ができるということですね。

全新人議員が入った議運で議論し議会改革がスタート

溝部　議会改革がスタートした一九九九年には、三人の新人議員が誕生しました。九一年の地方自治法改正で議会運営委員会の制度が確立しましたが、常任委員会の正副委員長や委員の方が格上という認識で、経験の長い議員は議運に行く気がまったくない状態でした。そこで三人の新人議員に議運の委員になってもらい、議員になって間もない新鮮な気持ちで、議会の状況を住民の視点でみて、おかしいと思うことや、変えた方がいいと思うことを議論し、議会運営委員会を中心にしながら改革をすすめました。

議長の私から改革の提言をすることもあれば、議運から、議会事務局からの提言もありますが、基本は議運でしっかり議論してまとめ、改革内容は議員全員の協議で決めていく手法はこのときから始めたものです。

神原　栗山町でも改革の議論の場は、議運からつくられていったのでしょうか。

中尾　議長や議員の提案だとか、事務局長の考えなどいろいろなものがありますが、事務局と議長の様々な議論がベースになければ柱立てができません。議長と事務局長がどういう方向でシナリオを書くかは、五〇％くらいあってもいいと思いますし、また五〇％くらいのシナリオがなければ改革ができない。

神原　これは各地の議会改革を見ると共通している問題ですね。

中尾　議長と事務局長、事務局が各地の改革の取り組みや自治の制度と仕組みを知り、土台となる揺るがない共通認識を持ってから、議運または改革委員会等の議論にかける。または全議員に改革の提案をしてもらい議運等にフィードバックする仕組みが必要になります。議長が基本的な考えを持ち、事務局長が理論的な裏付けをするのでなければならない。

2　議会改革の視点と改革の積み重ね

開かれた議会を目標に三つの視点で改革

神原　福島町議会は、長期にわたり様々な改革をすすめてきています。個別の改革事項は後ほど掘り下げることにして、まず改革の大まかな特徴を教えてください。

溝部　全国の先進事例を参考にし、様々な情報があるので、「気がついたことから、できることから」を合言葉にして、「開かれた議会」を目標に三つの視点で議会改革に取り組みました。

一点目は、二元代表制としての議会の役割です。自治体は首長と議会の二元代表制と分かっていても、ともすれば議会は執行部の追認機関になってしまいかねない。議会として主体的に役割を果たすにはどうするかという視点です。

二点目は、住民参画です。首長と議員は四年に一度選挙という住民の審判を受けますが、私たちが思っているほど住民は議会や行政のことを知りません。住民の意向を行政に反映させるための住民参画で、議会活動を住民によく理解してもらうために情報を共有する住民の側にたった視点、住民の側からみて議会はどう変わっていかなければならないのかという視点です。

三点目は、地方分権改革です。税財政の三位一体改革、市町村合併など日本全体が大きく変わっていく社会情勢のなかで、保守的な考えの議会と行政は変わっていかなければならないという視点です。

この三つの視点を基本に、開かれた議会をつくるため、気がついたことから、できることから一つ一つ改革を積み上げてきました。

神原　その三つの基本的な考えを基に、それぞれについてどんな改革をすすめてきたのでしょうか。

二元代表制としての議会改革

溝部　まず、二元代表制の議会改革として行政の追認機関にはならないことです。その典型は何も疑問を持たず行政の諮問機関の委員に議員がなっていました。私も幾つか委員を務め、慣例で副議長は総合開発審議会の会長でしたが、委員を引き上げることにしました。現在は、都市計画審議会、民生委員推選委員会、青少年問題協議会のように法律で議員が委員に義務づけられているものを除き、審議会等の委員になっていません。

事前協議としての全員協議会や委員会協議会などは原則中止にしました。どうしても事前協議が必要な場合は、本会議と同様公開にして傍聴を認めて資料を配付し、ビデオ録画しています。

さらには議員の不当要求行為の防止条例を制定しました。住民から議員はある種の圧力のようなかたちにみえ、人事への介入や公営住宅の入居の斡旋のようなことをしてきました。このようなことは気をつけなければならないと考えました。役場新庁舎の建設のときに、町長部局のカウンターから中へは基本的に議員は入室しないという申し合わせをしたりしながら、不当要求行為の防止として議会の決議からスタートしました。

最初は「公職にある者等からの働きかけの取り扱いの方針」を議会決議し、これを受けるかたちで行政側が「町政への働きかけの取り扱いに関する要綱」を策定。そして議会が「議員の不当要求行為等を防止する条例」（八六頁参照）を提案し、政治倫理基準の遵守を謳っています。

住民参画のための議会改革と議決事項の拡大

溝部　二つ目の住民の側にたった視点で、少しずつ改革してきたのは会議を原則公開とすることです。そのなかでもとくに傍聴者の対応で、傍聴者を取締る規則としていました。そうした規則にしている議会は今でも多いのですが、なぜ議員を選んだ住民が傍聴にきてくれるのに取り締まる考えになるのか疑問でした。

オープンなかたちにして、内容を知ってもらうことを基本に考え、「歓迎する」姿勢を持つ傍聴規則に改正し、いまはさらに発展させて「福島町議会への参画を奨励する規則」（八八頁参照）としております。写真、ビデオの撮影を認め、幼児を含めた子どもの傍聴を認めています。

住民懇談会は、町民と情報を共有し、町民の意見をしっかり聴いて行政に反映させるため、議会が住民のなかへ出かけ積極的に開催しています。議員定数の改正と議員報酬の見直しの際の住民懇談会には一〇〇人以上の町民が集まり、厳しい意見も多々ありましたが、町民のなかに入らなければそうした意見を聞くことができません。

議会、議員の評価制度を導入しています。先ほども言いましたように、私たちが思っていたほど町民は議会の状況を知らないので、議会を知ってもらう方法として全国、全道と比較して福島町議会がどんな状況にあり、また先進的な改革をしている議会に比べ、福島町議会の改革がどんな状況にあるかを示すことになります。

議員の評価については、当初議員自身が自己評価するのはおかしいという意見がありました。第三者機関が評価するのが理想ですが、小さなまちでは難しいですし、自己評価をできなければ行政評価もできないなど、議運のなかでいろいろ意見が出て自己評価としました。個々の議員が一年の活動を振り返って問題点を整理し、総括的な反省を踏まえ次年度の目標を設定しています。

公選法では町村議員候補者一人八〇〇枚までの選挙用ハガキを配布できますが、町内二四〇〇戸全部には配られませんし、多分すぐに捨ててしまうでしょう。選挙公報にすると全候補者の考えや公約を知ることができますし、選挙が終わってからも公報を見て議会の状況を理解してもらえると思います。選挙公報を発行することにより、選挙用ハガキを自粛し、結果的に経費が削減される効果もありました。

夜間休日議会を開催し、三月議会は夜間議会で一般質問を行い、初議会は土曜日に開催しています。また、町議会単独でホームページを開設するなど、住民に理解してもらい、住民と情報を共有するために取り組んできました。

三つ目の地方分権改革は、現行法制度でやれることはたくさんあり、法律で禁止していなければ何でも可能です。総合開発計画の基本構想だけでなく、基本計画も議決事項にすることから、議決項目の拡大などに挑戦してきました。そうした取り組みが議会基本条例の制定につながりました。

議会と議員の評価制度

神原　ここは核心の部分で、いま話しをうかがっただけでも一五ほどの改革の実績があります。改革は「気がついたことから、できることから」ということですが、これだけ大きな課題に取り組んでいって議会事務局も苦労があったと思いますが。

石堂　振り返ってみると、多くのことをやってきたと思いますが、「気がついたことから、できることから」を基本に取り組んできました。不十分な点や課題はありますが、少人数の事務局でよくやってこられたという実感です。

議会と議員の役割を高めていくのは終わりのない課題ですから、評価は議員だけでなく議会改革のツールとして大切です。二〇〇五年一月、要綱で定めた任意の制度として「議会の評価」を導入しました。〇七年の改選のときに議会と議員評価を基本条例に盛り込むことを確認し、議会基本条例で義務化していますが、一部の議員は評価を出していませんので、意義を理解していただき何とか全議員が評価するのが課題です。

議会基本条例の制定が目的ではなく、制定した条例を生かすことが大切ですから、日々、議会の活動を条例に照らし合わせて確認していかなければなりません。

溝部　議員の評価は、職員の勤勉手当を支給するにあたって、勤務評定をしっかりするべきだとの議会での議論がはじまりでした。制度上は勤務評定をしてから支給することになっているのですが、どこの自治体でもやっていないのが実態です。議会の議論を受け、行政側が勤務評定の試行で職員の目標設定を提示してきたので、自分たち議会も住民に理解してもらうため議会自らの評価も考え、検討することになりました。これが議会・議員を評価する大きなきっかけになりました。

個々の改革を成熟させて条例化へ

神原　将来議会基本条例に盛り込むことを想定して、個々の改革に取り組んでいたのはとても重要な点です。

そうしなければ生きた基本条例にならず、作文だけで終わってしまいます。個別改革を積み重ねて、その先に基本条例があるのが理想です。議会基本条例だけでなく、自治基本条例も同じです。「生ける基本条例」の命は具体性です。ですから基本条例プラス関連条例の制定というかたちで理念と行動が合致することが大事であると、私は言い続けています。

その点では栗山町議会も個別の改革を積み重ねて基本条例ができました。個別改革を四年も続けた末の議会基本条例でしたね。だから生きた基本条例として日々作用しているのです。中尾さんも福島町の議会改革のすすめかたに同感なのではないですか。

中尾　溝部議長がおっしゃったように、議会基本条例の制定を急ぎませんでした。渡島管内で福島町より早く基本条例を制定したところもありますが、福島町議会は条例化を急がなかったことが特徴ですね。一つずつ丁寧に改革を成熟させていって条例化したと思います。

そして改革の特徴の一つは公開の原則で、全てを公開し住民に見てもらう。全員協議会まで公開している議会はなかなかありません。議会がものごとを決める、議決にいたる過程の全てを公開する英断は見事です。

議会が第三者から評価を受ける時代になりましたが、溝部議長が取り組んだ段階で、自己評価を含めて、評価が議会のなかで議論されたことが日本全国であったのだろうか。福島町議会が評価の重要性を認識して現在まで続けている。全議員が評価に参加しているか否かは当初気になりましたが、緊張感の存在することが重要です。議会と議員の評価が基本条例で担保されていて、そしてトータルな公開と住民参加の面で、先駆的な改革だと思います。

神原　先ほどの不当要求防止条例といい自己評価条例といい、議員の自己規律を厳しく求める改革は画期的です。溝部議長がお話になった十数項目の改革の他にも、調査段階での討議による議会意思の反映として様々なことを取り組んでいます。公共下水道計画の中止、財務システム更新でのプレゼンテーションの実施、自治基本条例の早期制定を促すなど、議会が積極的に踏み込んでいてとても関心しました。これらの内容について説明をお願いします。

討議による議会意思の反映
2つの大型事業の中止

溝部　政策や事業の大きな流れは、計画を策定、決定して執行し、監視・評価するというものになります。行政が計画をつくり執行することは住民から見えやすいのに対し、計画を決定し監視・評価する議会の役割は住民からは見えない、分かりづらい仕組みです。

議会の意思を行政に反映させるためにはどうすべきか。提案されてから調査するのでは遅く、結果的に議会は行政の追認機関になってしまうケースが多かった。そこで、常任委員会でしっかり討議をして、予算化される前に議会の意思をいかに反映せていくかに力を注ぎました。

議会討議の反映により経費が削減された事業が多々あり、削減効果の何割かは議会費に回してほしいくらいですが、行政は議会のおかげでこれだけの節減効果があったとは決して言いません。懇談会などで議会自ら住民にＰＲしていますが、まだまだ十分に理解していただけないことが課題です。

調査段階での討議による議会意思の反映として大きなものでは、公共下水道計画の中止があります。総事業一五〇億円、このうち借金の起債が五〇億円の公共下水道整備の基本計画をつくりましたが、福島町のように過疎で小さな町では合併浄化槽で十分です。公共下水道だと家屋のないところでも太い下水道暗渠が必要ですし、調査をすると全国で公共下水道が黒字経営のところはありません。しかも下水道の赤字と経営が大きな財政負担になって大変な状況ですから、福島町で公共下水道を整備するのは適切ではない。

下水道計画を中止して全町を合併浄化槽整備した秋田県二ツ井町（合併により能代市）へ調査に

行きました。また当時、下水道のコンクリート劣化が報道されて問題になり、その対策として基本設計の二割から三割の費用が上積みになります。議会は筑波市にある研究機関に行き、コンクリート劣化の状況を調査してきました。その結果、議会として公共下水道は中止する結論になりました。この経験があって、何人かの議員は全国の合併浄化槽協会の研究会をはじめ、各地で行われる研究会に参加するようになりました。

町はようやく二〇〇九年度の国の緊急経済対策の補正で浄化槽設置の基本計画をつくる段階までにきて、二〇一一年度から浄化槽の整備に入ります。議会がこだわって取り組んできたことによる大きな成果だと思います。

もう一つは、町営温泉ホテル構想の中止です。青函トンネルの地下駅と連動した地上部の開発として温泉ホテル構想が浮上し、宿泊は一〇〇人規模で第三セクターもしくは町直営で運営することが検討されました。

全国の第三セクターによる温泉宿泊施設を調べましたが、どこも経営状態は悪く、破綻しているケースが少なくありませんでした。住民はもちろん近隣町の宿泊施設経営者の関心も高く、議会の審議を見に来ていました。当初予算に計上されていた予算執行は凍結し、計画段階で議会の調査を経てホテル構想は中止しました。

この二つの大型事業を実施していれば福島町は財政破綻していたでしょう。

議会の監視機能の発揮と政策提起

溝部　財務会計のコンピューターシステムは従前から函館にある会社に委託していましたが、最初にシステム開発を請け負ったこの会社と、当たり前のように仕事を継続していました。そして高齢者対策など国の新制度や改正の度に、会社に言われるがままにシステムを入れ替えていました。そこで北海道町村会も関わって設立した情報システム開発の会社からも情報を集め、特別委員会で函館の会社と町村会が推奨しているシステムのプレゼンテーションを行いました。

その結果、情報を移しかえるための費用が福島町の規模で新たに四千万円かかることが分かり、それがネックとなって会社を替えることはできませんでしたが、一〇年間のランニングコストが当初より四千万円減額になりました。特別委員会を開催する度に額が少しずつ下がっていき、行政の担当者もいろいろ勉強させてもらったし、経費も削減できたと言っているように、成果がありました。

選挙の平日投票も長く提案してきましたが、行政は窓口業務の職員が不足し大変になるなどの理由で乗り気でなかった。しかし、暮れから正月にかけて長いときは九日間の休みがあり、その間、役場窓口が閉まっていても町民から苦情はありません。さらに期日前投票の期間が長くなり、平日であっても朝八時半から夜八時まで役場で投票できるので、平日投票は不可能ではありません。

町議の選挙は八月なので、お盆期間の土日を挟み五日間の期日前投票を徹底し、人件費も節減できることを町民に説明すれば反対はしないはずです。結果は一七〇万円の人件費節約につながり、町民からの苦情は一切ありませんでした。今後町の選挙は平日投票になっていくでしょう。

議会が主催した合併の住民説明会はあまりないと思います。栗山では平成の合併の第二ステージのときに議会報告会として住民に説明していますが、福島では最初の平成合併の際、合併が破綻後に議会主催で住民説明会を開催しました。約三〇頁の資料をつくり、議員がそれぞれ分担して合併破綻にいたる経過、議会の判断、議会改革などを説明し、住民と意見交換をしてきました。

神原　ここまで徹底して議会が問題提起をして実現していくのは、並大抵のことでなかったと思います。他の議会の方がいまの話しを聞くと、やればできることを実感すると思います。議会がしっかり学習して、論点争点を開示すれば、提案者としての説明責任を負う行政も自己改革しなければ、議会と住民に示しがつきません。一般論ですが、これまでの行政は提案したことはなんでも通ると思ってきましたから、大型事業の中止や計画・政策の変更・中止などでは、執行部との間に相当緊張感が走ったと思いますが、率直にいって行政との関係はどうでしたか。

溝部　たとえば、秋田県二ツ井町への合併浄化槽の調査は行政の職員も一緒に行って話しを聞いてきました。また議会が行政を説得できなければ大体行政の思い通りになるので、議会が独自に筑波に調査に行って行政の持っていない情報を得たり、財務システムのことでも職員を勉強会に呼び、一緒に検討しています。議会が一方的にごり押しをするようなことはありませんでした。

合併問題でも任意協議会のときから特別委員会を設置し、協議会の委員になっている議員から報告を受け、特別委で討議してきました。

二元代表制の議会の存在感と役割

神原　議会は徹底して監視機能を発揮すれば、それは提案機能にもつながっていきます。条例制定権、予算議決権、議案提出権を持つ議会はけっして弱い存在ではありません。長い間の事実上の慣行から弱いと思っているだけです。

栗山町議会も行政との緊張のなかからつくり上げていくものがたくさんあると感じていました。

福島町議会のように、ここまで徹底して成果を上げている自治体は全国でも少ないと思いますが、中尾さんどうでしょうか。

中尾　二元代表制の議会は、住民参加を得ながら適切に行政を制御する。それが意思決定機関である議会の役割です。その意味で溝部議長がおっしゃるとおりです。しかし、ほとんどの議会はそれができてない。ですから、議会の不要論と戦えない。地域経営の視点で顕著な例では下水道と合併浄化槽の問題で、町の課題として真正面から捉えて議論するのが議会です。しかし、ほとんどの議会は追認機関になっているので、首長の提案をいいか悪いか判断するだけになっている。

福島町議会は、積極的に常任委員会の討論を先行させて、行政が取り組もうとする内容が住んでいる人にとっていいことなのか、どんな意味を持つかの視点でしっかり検証し、議会の存在感とメッセージ性がある。全国の議会はここまで至っていないのが実態だと思います。

神原　議会改革は議会のパフォーマンスに過ぎない内部改革に止まるものではありません。自治体を運営する主体は住民、長、議員、職員の四者ですから、議会の改革がこれら四者に影響を及ぼして、自治体としての改革につながっていくのでなければなりません。つまり、議会が変われば自治体が変わる議会改革をめざすということです。石堂さん、福島町議会がここまでやってきたのは並大抵なことでないですね。議会のなかで問題を整理したり、関連して視察を企画したり、行政との調整を行うなど、議会事務局の仕事がたくさんあると思いますが。

石堂　議会が行動すれば常に調整となり、担当職員とのやり取りになりますが、議会側が考えている内容と、行政側とは考え方に大きな差があります。たとえば議会からの提案は、住民の考え、住民レベルの提案ですが、行政側の職員は最初から全体の考えを理解しない、同じテーブルにはつけないという姿勢が結構多い。

それを強く感じたのは議会基本条例を提案したときでした。基本条例は議員の活動はもちろんのこと、執行部側を結構縛っています。執行部は職員数も多く財政も握っていて、それに対して議会が対抗していかに力を発揮していくかですが、職員が大きな意味で二元代表制を理解していない。そうしたバランスがいろんな意味でとれていないので、職員との調整は難しい。

さきほど溝部議長が具体的な説明をした議会の提案は、いきなり執行部側に反対といってるのではなく、さまざまな過程を経ており、仕事を担当している職員はプロとしてその段階で感じとり理解しなければならないものです。事業の実施にはお金が伴いますから、もし自分自身のお金だったら実施するのだろうか、といった考えがベースにあります。

議員がいろいろな意見を言っても職員は素直に聞けない面があり、そして議会事務局職員が同じようなことを言うと、おなじ町の職員なのでますます聞きたくない気持ちになります。二元代表制の執行部と議会の理想的なかたちなるのは難しいので、苦労が多いのかなと思っています。

3　福島町議会基本条例の制定と特徴

まちづくり基本条例で議会の役割が明確
整合性をもって議会基本条例と同時施行

神原　議会改革の積み重ねのなかで福島町の自治基本条例である「まちづくり基本条例」（六九頁参照）の制定を提案し、議会基本条例とまちづくり基本条例が同時施行されました。自治基本条例について説明をお願いします。

溝部　議会としてまちづくり基本条例に関心を持ったのは、常任委員会としてニセコ町へ視察調査に行き、当時の逢坂誠二町長から説明を受け、福島町でも早急に取り組むべき課題だと思いました。

議会の一般質問で早急にまちづくり基本条例を制定すべきだとの質問をし、私自身も年頭所感のなかで条例の必要性を継続して訴えてきました。前町長のときから条例の必要性を直接はなしてきましたが、なかなか条例制定まで至りませんでした。

また議会基本条例を意識したのもニセコの基本条例がきっかけでした。当初の考えは、自治基本条例のなかに議会基本条例を含むかたちから検討をはじめました。その後、行政側の取り組みが遅いこともあって議会だけでも基本条例をつくろうという考えもありましたが、理想的にまちづくり基本条例と議会基本条例の二つを同時に施行するようにすすめることになりました。

まちづくり基本条例の内容は、町民の参加した審議会をつくって検討し、条例には議会の役割も規定するので議会の考えや議会基本条例について審議会で説明しました。一つは「分かりやすく町民が理解する議会」。二つめは「しっかりと討議する議会」。討議は議員相互、議会と行政はもちろん町民ともしっかり討議する。そして三つめはこれらの二つを踏まえ「町民が実感できる政策を提言する議会」。これら三つの考え方を説明しました。

その後審議会アドバイザーである函館未来大学の先生の助言もあり、この三つをまちづくり基本条例のなかで「議会の役割と責務」として規定したので、議会基本条例と整合性がとれました。

神原　この三つは議会基本条例の「目的」（第一条）で定めた内容と同じですから、まちづくり基本条例を受けて議会基本条例を制定しているかたちになるわけですね。

まちづくり基本条例ができれば、議会基本条例はその重要な関連条例となります。まちづくり基本条例と他の関連条例が同時施行するのが理想的なかたちで、まちづくり基本条例と議会基本条例が同時に施行した例は多分初めてなのではないかと思います。その意味でも、二つの条例を関連づけて施行した意義は大きい。

栗山町は、町長が自治基本条例の制定を公約していますが、今年四月までの任期中には制定されません。議会基本条例が先に制定されました。自治基本条例が制定されれば議会基本条例はその関連条例になりますが、いま議会はそうした全体像を想定して、政策と予算を律する総合計画条例を制定する作業を行っています。それぞれ入口は異なっても、目指す方向はほぼ同じだと思います。最終的な全体像が見えていれば、入口はいろいろあっていいと思いますが、中尾さんはこの点をどうお考えですか。

中尾　溝部議長は自治体全体を考えて、議会の位置を明確にしていることがよく分かりましたし、共感できます。執行部が積極的でない場合、議会基本条例が先行する例は全国に多々あり、議会基本条例が自治基本条例の一部を担うことになります。

09年の議会基本条例制定へ向け
07年に制定工程と19課題を提示

神原　福島町では、二〇〇九年三月に議会基本条例が制定され、四月一日施行されました。先程から触れられていますが、あらためて、なぜ議会基本条例が必要になったのかについて伺います。

溝部　基本条例の前文に制定の思いと経過を書き込んであります。一九九九年から取り組んできた議会改革は、「議会の主役は議員」「住民が参画（協働）する議会」「変化を恐れない議会」の三つの視点で開かれた議会づくりをすすめてきました。さらに改革を後退させてはならないとの思いが前文に込められています。

二〇〇七年の改選前に、〇九年の議会基本条例施行に向けてのタイムスケジュールを議会で審議して決めました。四年間の総括的な議会報告会も含めて住民と懇談会を持ち、基本条例の〇九年施行に向けてのタイムスケジュールを示し、今後四年間の一九項目の課題と方向性（六六頁参照）を説明しました。

〇七年夏に選挙を終えた改選後初の九月議会では、議長、副議長が所信表明を行い、この改革を引き続きすすめていくことと、基本条例施行のタイムスケジュールと一九項目の課題と方向性を全議員で確認しました。

石堂　二〇〇六年五月に栗山で議会基本条例を制定してその内容をみたとき衝撃が走りました。栗山がこれまでに取り組んできた個々の改革事項を基本条例に規定し、そして理念も明確です。栗山のように明文化しないと改革は続かないと思いました。そして誰が議員、事務局職員になっても、二元代表制での議会と行政の関係、まちづくりをしっかりしていかなければならないので、栗山のように基本条例をつくらなければならない、という思いを強くしました。

全国どこの議会もそうでしょうが、福島も栗山を参考に条例をつくり、栗山のように的確に条例を見直し、改良していこうと思っています。

フルセット型基本条例と特化型基本条例

神原　栗山町は全国初の議会基本条例なので、どこの議会も栗山を参考にしてきましたが、福島町議会基本条例には栗山町の条例にはない内容が含まれています。それを列挙しますと、通年議会（基本条例第三条）、委員外活動の充実（第五条）、ホームページで議案・資料を事前に提供する（第五条）、平日夜間、土・日会議の開催（第七条）、議会質問に対して事前に答弁書を提出する（第八条）、休会中の文書質問（第一二条）、議会白書の作成（第一七条）、議長・副議長志願者の所信表明（第一八条）、住民の議会参画を奨励する規則（傍聴者規則の改革）といったものがあります。

冒頭でもいいましたが、栗山町と福島町の条例を合わせると、議会基本条例のほとんどの項目はカバーできると思います。中尾さんは全国の条例をみてどうでしょうか。

中尾　福島と栗山の議会基本条例はフルセット型といいまいしょうか、全てを装備している条例です。これに対して、会津若松市議会の基本条例に代表されるように、市民参加などの分野に特化した条例に分類できます。

特化型モデル議会基本条例が全国でいくつか出てきましたが、ほとんどはフルセットモデルの条例で、条項を全て生かしているのが福島町議会です。ただ、条例先行型で福島町議会のようにフルセットで揃えても生かしきれない実態も見られます。

神原　福島町は改革を積み重ねてきたことを条例にしているから、できるということですね。

中尾　先に条例をつくり全ての装備を揃えても、使い方が分からないので、栗山町や福島町議会に問い合わせているところがあります。

神原　福島町は基本条例で定めていることを、さらに他の条例や基準、規則をつくることによってきめ細かく対応していることが特色だと思います。つまり実効性が高いということですね。それから地方自治法では議会運営は会議規則を定めるとなっていますが、福島町は「議会会議条例」としているのも特徴の一つです。

中尾　基礎自治体の議会基本条例は現行法に挑戦しています。いま言われた会議条例、付属機関、通年議会など、二九次地方制度調査会で明確にする前から、福島町議会は果敢に挑戦しています。

議会改革を試行し、条例の準備に時間をかける

神原　地方自治法では「会議規則」にしていますが、これは時代錯誤ですね。議会運営は議会内部に止まらず住民にも直接影響してくるのだから条例にすべきですが、それを福島町議会はいとも簡単にクリアして条例にした。立派です。傍聴規則も条例にした方がいい。ところで議会白書と通年議会は議会基本条例を制定する前からやっていたのでしょうか。

溝部　基本条例施行一年前の二〇〇八年三月に、議会活性化の試行に関する実施要綱を定め、三月から九月までを試行期間にしました。その中で「通年議会制度」「質疑の回数制限の撤廃」「説明員の反問権」「文書質問制度」「傍聴人の討議への参加」を試行しました。この試行を受けて特別委員会で検討審議し、基本条例をスタートさせました。

神原　用意周到にやってきたわけですね。

溝部　議会基本条例は、一九九九年から改革に取り組み、二〇〇七年、〇八年の試行も含み、開かれた議会づくりに挑戦して積み上げてきたものの集大成だと思っています。

神原　いままでの改革の積み重ねに加え、用意周到にタイムスケジュールを作成して基本条例をつくっている例は全国にもないと思いますが。

中尾　議長、事務局長を中心にここまできめ細かくやっている例はありません。条例化を急がなかったのが福島町の特徴で、全てのことを整理して一旦開示し、自らも冷静になって整理して全議員と共有しながら、一つずつ丁寧にすすめていったことが分かります。だからこそ分かりやすい基本条例になったのだと思います。

神原　一九項目のタイムスケジュールを、二〇〇七年の改選前の六月に住民に示し、短い期間にこれを実行したのは驚きです。議会事務局は並大抵の苦労ではなかったでしょう。

溝部　相当の苦労があったことは間違いありません。栗山の議会基本条例をベースに、一九市

福島町議会基本条例の特徴

1　「議会の主役は議員」、「住民が参画する議会」、「変化を恐れない議会」を視点として、平成11年から取り組んできた議会の活性化事項を集大成化

2　国の「議院内閣制」を模倣してきた地方自治体（議会）のあり方を、地方分権に沿った国と地方の対等関係から、自立する地方政府を担う行政と議会とする位置付けと取組

3　町の最高規範「町づくり基本条例」の議会・議員の役割と責務に基づき、5項目を規定
(1)　町民と議会の協働と情報共有
(2)　町長など執行機関との適切な緊張を維持しながら、福島町のための善政競争
(3)　町民・議会・行政が協働した政策実現に向けた多様な参加と討議の推進
(4)　議会・議員の評価制度をはじめとする適正な議会機能の展開
(5)　公開性・公平性・透明性・信頼性の確保等

4　議会基本条例の実践目標を3点とした
(1)　わかりやすく町民が参加する議会
(2)　しっかりと討議する議会
(3)　町民が実感できる政策を提言する議会

5　議会基本条例の構成
(1)　前文
(2)　第1章　総則（第1条）
(3)　第2章　議会・議員の使命と政治倫理（第2条—第4条）
(4)　第3章　議会・議員の活動原則（第5条—第6条）
(5)　第4章　町民と議会の協働（第7条）
(6)　第5章　町長等と善政競争する議会（第8条—第12条）
(7)　第6章　適正な議会機能（第13条—第22条）
(8)　第7章　会議の運営（第23—第25条）
(9)　第8章　条例の位置づけと見直し手続き（第26条—第29条）

6　議会基本条例の制定に関連する関係条例の改正等
下表の摘要に記述のとおり、議会基本条例の制定に関連して、既存の条例・規則等の改正と統合及び、議会基本条例の主要事項である「住民参画」の観点から、これまでの傍聴者を参画　者としてとらえた、傍聴規則の全部改正を行った。

(1) 制定・改正等を行った条例等

№.	制定・改正後の条例等の名称	旧条例・規則等の名称	摘要
1	福島町議会基本条例（制定）	議会の議決すべき事項を定める条例	第11条に既定したので廃止
2	福島町議会会議条例（制定）	①福島町議会議員の定数を定める条例 ②福島町議会の定例会の回数を定める条例 ③福島町議会会議規則 ④福島町議会委員会条例 ⑤福島町議会の定例会の招集時期を定める規則	第1条に規定したので、廃止 第6条に規定したので、廃止 全文を会議条例に統合、廃止 全文を会議条例に統合、廃止 第7条に規定したので、廃止
3	議会の歳費及び費用弁償に関する条例（一部改正）	議会議員の報酬及び費用弁償等に関する条例	条例の名称を含め、「報酬」を「歳費」に改正
4	福島町議会への参画を奨励する規則（全部改正）	福島町議会傍聴規則	議会基本条例の理念である「住民が参画する議会」を目指し、「傍聴」を「参画」として位置づけ、規制をさらに大幅に緩和
5	福島町議会事務局の組織に関する規則（一部改正）		「議員報酬」を「議員の歳費」に改正
6	福島町議会の運営に関する基準（一部改正）		通年議会や議員の表決態度の公表などを追加
7	議場における発言等に関する運用基準（一部改正）		正副議長の選挙前に実施する所信表明の際の発言等の追加

(2) 変更のない条例等

No.	条例等の名称
1	福島町議会議員研修条例
2	福島町政務調査費の交付に関する条例
3	福島町議会議員の不当要求行為等を防止する条例
4	福島町長の専決処分事項の指定に関する条例
5	福島町議会事務局設置条例
6	福島町政務調査費の交付に関する規則
7	福島町議会だより発行規程
8	福島町議会の公印に関する規程

町村議会の基本条例を項目毎に対比できる資料を作成し、項目を取り込むことと、いままでの積み重ねをはめ込む作業をしましたが、けっこう苦労しました。

石堂 溝部議長は議会の議長であると同時に、あるときは影の事務局長だったりします。今日の話しでもおわかりのように議長は細かいところまで詳しい。議員の経験が長いだけでなく地方自治法もよく勉強されていて詳しく、事務局も実務的に助けてもらっています。

神原　議員間で議論し合意を得て方針にしていくのは大変なことだと思います。議会基本条例は全議員が賛成したわけではないので、事務局サイドの苦労とは別の苦労があったのではと思うのですが。

溝部　基本条例の制定は全会一致とはなりませんでした。その理由は、従前やってきた項目についての段階で反対があります。たとえば、議員評価についてのこだわりのようなものがあり、基本条例の内容全てに反対しているわけではありません。

神原　基本条例をつくる方向については反対ではない。個別に賛同できないところがあるということですね。

栗山町議会は全会一致でした。全国的には賛否分かれて成立しているのでしょうか。

中尾　最近は全会一致はそれほど多くなく、少数ですが反対の議員がいます。議会ですから賛否が分かれるのは問題ではないと思います。条例施行後は議会の活動規範になるので、内容を十分に練ることが必要です。

通年議会の効果と事実上の議長による議会招集

神原　通年議会は実施してよかったですか、これをうまく運用するにはどんな課題がありますか。

溝部　最初にいろいろ懸念したほど違和感なく運営されていますし、執行部も同じように受け止めていると思います。いままでと何も変わっていないという見方もあり、今後の運営だと思います。

本会議の会期の設定は暦年で回数を考えていますが、行政の対応は四月の会計年度で処理しています。通年議会の対応を一月一日からとするか、会計年度に合わせ四月一日にするかの検討をし、実態に合わせ四月から翌年度の三月にすることを町長と相談しながら決めました。最終的には議会会議条例で定例会の会期は、「四月一日から三月三一日までの通年とする」と定め四月になれば自動的に新しい会期になります。専門家の方には違和感があるかもしれませんが。

神原　実際に開かれる通年議会の会議は、従来から慣行になっている年四回の定例会とは違ったものになっているのでしょうか。

溝部　基本はいままでと同じ考えで、従来開催していた六月、九月、一二月、三月の定例会は「定例に開かれる会議」とし、六月に開催されれば平成二三年度定例会六月会議とし、六月にまた会議があれば、六月第二回会議としています。年四回の定例に開かれる以外の会議は、従来の臨時議会と同じようなかたちです。

石堂　現行法では首長が議会を招集し、議長に権限はありません。全国町村議会議長会をはじめ各議長会は議長が議会を招集開催する提言と要望をしていますが、実現していません。法制度が変わらないのであれば、実質的に議長が招集開催するかたちとして三六五日の通年議会にしました。

毎日議会を行うわけではなく、必要なときに会議を開くことができます。従来の年四回の定例会は必ず開催し、必要に応じて従来の臨時会と同様の会議はいつでも開催できます。いまのところ不都合はまったくありませんし、議員の日当、費用弁償を廃止しているので、いつ会議を開いても問題ありません。

溝部　通年議会は、議長が招集開催することを目的にしたわけではありませんが、結果的に議長が議会を招集するかたちになりました。会期を通年とすることにより、住民意見や情報の収集など会議以外の活動や常任委員会活動、文書質問など会期に制約されたてきた議員活動が、実態に合った位置づけにできると考えています。

神原　中尾さん、全国で通年議会は広がっているのでしょうか。

中尾　議会基本条例のなかで定めるところが増えてきています。それは石堂局長が言われたように議長に議会の招集権がないので、通年議会にすれば事実行為として招集は議会の権限になるからです。

議会の招集は議長の権限にするべきだと議会にいるものは当然だと考えますが、国の役人はそう思っていない。

ホームページの充実と全ての議会情報を公開

神原　次に福島町議会の改革を通して感心するのは議会独自のホームページの活用です。議会のほとんどの情報が盛り込まれています。議案と資料を事前にホームページで提供する仕組みを基本条例でつくっていますが、当初からここまで行うことを想定していたのですか。

溝部　最初は町のホームページのなかに議会コーナーを設けてスタートしました。町の担当者に議会事務局からこの情報を入れてほしいと頼んでいましたが、議会のデータがどんどん増えて記録容量が限界になり、データをいくつか削除してほしいと言われました。

全体容量の二割から三割程度を議会で使っているのかと思ったら、半分以上を議会で使っていて、その段階でもまだ公開提供する情報がたくさんありました。

町全体の容量を増やすか、または議会独自に行うかを検討し、経費負担はほとんど違わないので、議会独自のホームページを開設することになりました。

個人のプライバシーに関わる情報以外は全て公開していく姿勢ですし、入力内容について議長の決裁は不要とし、迅速的確に情報提供するようにしています。いまは事務局長が一人で対応をしていて、それだけに専念することはできないので、仕事の状況をみながらやっています。

全て公開する議会のホームページが行政への刺激にもなり、発言者名は出しませんが町の諮問機関の審議概要を公開するようになり、大きな進展だとおもいます。

神原　議会白書を隔年発行することも含め、町議会の広報活動は全国でも群を抜いていると思いますが。

中尾　町議会のホームページ、そして溝部議長個人のホームページをみて、情報の公開度と発信力は全国でもトップレベルだと思います。かなりのことをやっている地方議会のホームページはありますが、それは結局のところお金をかけて、専門業者に委託しています。福島は全て自前でやっていることを考えると感心します。栗山町議会も福島を勉強すると言っていました。

質問通告と事前答弁書

神原　議員質問に対する事前答弁書と文書質問についてお聞きしたいのですが。議員が質問事項を事前に提出して、それを執行部が文書で回答し、答弁書をみて会議で質問することなのでしょうか。

溝部　片山善博元鳥取県知事が言われたように、議員質問の通告がなく、長の答弁書を用意せずに、議員と首長が議場で活発に討議するのが理想ですが、それは難しいのでいかに一般質問を有効にするかが必要です。

一般質問の目的として、テーマに沿っていろいろ議論を重ね合意形成していくことが大事なことです。再質問、再々質問と答弁内容が食い違ったり、同じ質問と答弁を繰り返したり、全く関係のない話しをするなど、町民が議会を傍聴し、議事録をみても何を審議しているのかよく分からないケースがあります。

そうであれば、質問内容を通告し、事前に答弁書をもらう。理想的にはこの一回で済めばいいのですが、それは難しいので答弁書をもとに二回目の質問を準備します。

また、質問通告は議長に対してするもので、首長に通告することが法制度として決められているわけではありません。首長側は、一回目の答弁書を出すと二回目の質問は厳しくなるのではと心配し、検討段階では答弁書を出すことを渋って躊躇していました。それなら質問通告は考え直し、大綱だけにしたり、全く通告しないこともできるが、と言いましたが、一般質問の目的は互いに議論をして理解しテーマについて合意形成を目指すことはではないかと言ってきました。

議員に対しても、町長側を困らせるために休憩をかけて答弁調整をさせたり、二回目の質問の際にも別の資料を取り上げて新たな見解を求めたりするのはフェアでないので、数値的なデータがあるのであれば、一回目の通告の際に示してその上で町長の見解を求めていくことがフェアでないのか。一般質問の目的からすればおかしい、との話しをしながら。極力一回の通告と答弁書で終わるぐらいの気持ち、構えでしなければならないと説明しています。

しかし質問する側も、三回まで質問できるとなれば頑張ろうとするし、答弁する側も三回までの質問に備えて小出しに出してくる、そんなかたちです。一回で済むのであればそれでいいと思いますし、同じような質問と答弁を二回、三回と行う必要はない。

答弁書を出すことによって、二回目の質問がずれることなく整理され、質問・答弁が明確になり、結果として、回数・時間の制限撤廃につながりました。

文書質問を様々に生かす

神原　文書質問の内容と事前答弁書の内容は全部公開されているのですか。

溝部　そうです。文書質問の扱いは一般質問と同じで、議会だよりとホームページに掲載してあります。

文書質問は国会の質問主意書と同じもので、会期の制約がありますが、通年議会なのでいつでも文書質問ができます。変化のスピードが早い時代に、三カ月に一度の一般質問の機会では、内容によっては時機を失してしまいかねません。予算審議のための事前情報収集、一般質問の準備のためなどいろいろ質問でき、執行部は文書質問の送付を受けてから一〇日以内に議長に答弁書を提出することになっています。

中尾　文書質問の制度が活用され、効果が上がっているとのことですが、質問の内容や数はどのような状況ですか。

石堂　文書質問は定例の一般質問を行うための事前の質問内容だったり、緊急的で一般質問と変わらない文書質問もあります。試行の期間も含め、二〇〇九年一年間に四人で九項目の質問でした。

中尾　溝部議長がおっしゃったように三カ月の間に情勢変化は起きますから、問題意識を喚起したり、ここだけは議会がくさびを打っておかなければならない、というときに文書質問の制度は有効です。

溝部　文書質問の役割の一つには議員の不当要求行為の防止があります。

議員は直接町職員にいろいろと問い合わせをし、圧力になるような場合があります。福島町議会では、政治倫理条例に代わるものとして、町議会議員の不当要求行為等を防止する条例をつくり、町民に誤解されないことを基本的な考えとしています。

なにかききたいことなどがあれば議会事務局に問い合わせをし、そこで分からないことは事務局が担当に確認して回答する仕組みです。どしても担当職員から直接説明を受けたい場合、議会事務局で担当職員に話しを聞くことにしています。

文書質問制度があるので、疑問に思うことなど聞くことができますし、急を要するものは議会事務局を通して確認すればいい。

平日夜間と土・日議会は唯一の努力規定

神原　平日夜間、土・日会議はすでに実施しているのでしょうか。

溝部　夜間会議は町の執行方針が示される三月会議で行い、二〇一〇年三月までで四回行い、基本条例ができてからは今回初めての開催でした。

〇七年夏に改選し、九月一日の土曜日に任期最初の議会を開催しました。任期の空白をつくらないことと、町民が傍聴に来やすいようにと土曜日でしたけれど議会を開催しました。

議会基本条例では平日夜間、土曜・日曜会議の開催のみが努力規定になっています。

神原　夜間、土日開催はいろんな議会で試みられ、最初は傍聴者が多いのですが、年月が経つと徐々に傍聴者が減少してくる。福島町の場合は様々な改革のなかの一つとして土日開催が行われており、努力課題ではあるけれど相乗効果を発揮していくと思います。

溝部　初めて三月の夜間議会を開催したときには、三〇人の傍聴席に対して五〇人の傍聴者がきたので、一階ロビーでテレビ中継を見てもらいました。そのときにアンケートを行い、次の夜間議会にも三〇人以上が傍聴にきたいという結果だったので、期待して翌年も夜間議会を開きましたが、傍聴者は一七人でした。その翌年は一五人、今回はやや増えて二〇人を超えました。

神原　慣れてくるとどこも少なくなる傾向になりますが、人数にかかわりなく住民が傍聴したいと思うときはいつでも傍聴できる状態にしておくことが大切ですね。

溝部　二〇〇九年一二月議会から、インターネットによる議会ライブ中継も始めたので、町民が議会をみる機会はふえました。

いままでと異なる活動への関心と警戒心
果敢に挑戦する議会と議員に

神原　長い年月をかけて議会改革に取り組んできて、基本条例を制定しました。これだけの内容ですから、全国から視察が多いと思いますし、来られる方はどんなことに関心を持っているのでしょうか。

溝部　昨年二〇〇九年は条例制定後の四月から一二月までに、全国の四三市町村議会から一二〇人視察に来られましたが、議会事務局や会派、議員個人など様々です。

石堂　視察に来た方の関心が集まるのは主に議会評価、議員評価です。議員評価については最初のころとくに多く、なかでも市議会の関心が高く、評価をしようという関心ではなく、自ら評価することが可能なのだろか、という見方でした。

町村議会と市議会では、どこか議員の考えに違いを感じます。議員にならなければ当然議員活動はできないので、どちらかというと市議会議員は選挙への関心がたかく、選挙の材料にされる議員評価だと問題が出てくるでしょう。たとえば、実行していないことでも、よく見せようとする気持ちが働きます。最近の視察では、どういうわけか評価について聞かれることが少なくなりましたが、気になっている点です。

神原　栗山にも多くの視察が訪れていますが、福島への関心のもたれ方と比較して違いはありますか。

中尾　基本的には同じで、議員の皆さんは議会基本条例、議員評価など、自らの議員活動がいままでと異なる展開をしなければならなくなり、厳しくなる。そのことに対する警戒心が強いですね。

議会基本条例は議員の首を絞める条例だと説明した議員がいましたが、そういう側面がないとは言えませんが、第三者に評価される立場に地方議会がなったので、果敢に挑戦する議会と議員でなければ退場を余儀なくされる、と言わざるを得ません。その認識は、議会と議員間で整理しておかないと、次の選挙では本当に退場せざるを得ないと思います。

神原　議会基本条例を制定した議会は全国で一〇〇を超え、この流れは一層続きます。議員は警戒心を持ちながらも試行錯誤しながら乗り越えて行かなければならない。

自治体を運営するのは住民と長と議員と職員の四者だと私はいつも言うのですが、こうした改革を経て議会基本条例を制定することによって、従来とは考え方、行動の面でどんな違いが出てくるでしょうか。町民の変化、長や職員の変化、議員自体の変化についてお聞かせください。

溝部　顕著な変化は表れてはいません。一九九九年から一〇年かけて改革を行い、徐々に変わってきている面はありますが、劇的に大きく変化した印象はありません。まちづくり基本条例と議会基本条例はともに住民との協働を基本にしており、議会と住民がともに育っていかなければと思っています。

二〇〇九年四月に議会基本条例をスタートさせ、町民が実感できる政策を提言する議会を目指し、ちょうど〇六年度から始まった第四次総合開発計画の後期五カ年計画（二〇一〇年度スタート）の見直し作業をすすめていたので、議会として提言することにしました。

計画の重点目標の「雇用を支える産業の活性化と掘り起こし」「情報の共有と町を支える人づくり」の二つにテーマをしぼり、常任委員会で調査検討をしました。各団体や住民と意見交換する懇談会を繰り返し、常任委員会の意見を集約し、全員協議会の議論を経て町長へ提言書として〇九年一〇月に提出しました。

あわせて二〇一〇年度から本格的に行政評価をはじめるのにあたり、町は試行的に三事業（健康横綱応援プロジェクト事業、町営住宅建替事業、産業活性化サポート事業）の評価を行いました。三事業について議員個々の評価（質的・量的・現状と今後の方向）を行い、それをまとめ議会の評価として町長に提出しました。

総合開発計画審議会では、議会の提言も組み込んで後期五カ年計画をとりまとめました。議会の提言が取り入れられたもの、修正され一部採用されたもの、採用されなかったものなど、そこを注視して今後の議会と議員の活動に生かしていきたいと思います。

議会改革から自治体改革、住民自治へ

神原　議会の活動をさらにもっと充実させていくお話があり、それとともに事務局も仕事がきつくなってくると思いますが、これからの議会改革の課題について、事務局長として感じていることをお願いします。

石堂　事務局体制としてもっと人数が増えればいいのですが、他町村に比べると事務局職員は多い方です。どんな組織でも不満を上げればきりがないので、いまの条件の下で最大限の努力をするのが基本です。

福島町議会改革の開かれた議会づくりの集大成として議会基本条例を制定し、「わかりやすく町民が参加する議会」「しっかり討議する議会」「町民が実感できる政策を提言する議会」の三つの目標を掲げていますが、町民が自治を理解し、自治を確立する途上です。

戦後地方自治法ができて六〇年以上が経ちますが、ようやく二元代表制が理解されてきた段階です。住民と協働していくためには、執行部の職員と議会事務局の職員は自治法と二元代表制を理解する研修、それは首長部局の制度だけでなく、議会の役割や意義を理解する研修も行わないと、住民への地方自治と二元代表制の浸透はないと思います。

議会事務局は議員をサポートする面もありますが、住民自治の確立を目標にしたいと思います。

神原　いまから考えると、福島町では早くから議会改革が始まっていたのは驚きでした。栗山町議会が議会基本条例を初めて制定してから四年が経ち、その後全国で約一〇〇の議会基本条例が制定され、議会改革は着実にすすんでいると思います。

議会改革を始動させた第一ステージから一歩すすんで、改革の広がりと継続によって健全な自治体運営と優れた政策を実行する第二ステージに入っていくと思います。中尾さん、各地の状況をみてそういう方向に行く確信をお持ちでしょうか。

中尾　石堂さんが言ったように、最終的には議会が住民自治のあり方を住民に問うて、主権者である住民がその自覚を持ってもらうことが、議会改革の究極の意義だと思います。

議会改革そのものが議会の自己満足に陥っていないか検証しながら、住民と向き合うことが必要です。

神原　議会だけが変わるのではなく、議会が変わることによって、議員はもちろん、住民、長、職員も変わる。そうした姿が見えたときはじめて、議会改革は真の成果を上げたと評価されるのではないでしょうか。改革に紆余曲折はつきものですが、福島町議会が今後ますます力量を高めて、全国の自治体議会改革をリードしてくれることを期待して本日の座談会を終わりにします。ありがとうございました。

［本稿は二〇一〇年四月六日に行った座談会をまとめたものです。］

〔資料〕

福島町議会の「開かれた議会」の主なあゆみ

1983（昭和58）年
2月　町村議会の機能を高めるための方策（全国町村議会議長会）

1996（平成8）年
3月　地方分権推進委員会勧告（中間報告）地方自治体の自治責任
12月　地方分権推進委員会勧告（第一次勧告）
①地方公共団体の事務の新たな考え方
②地方公共団体の行政体の課題

1997（平成9）年
7月　地方分権推進委員会勧告（第2次勧告）地方議会の活性化

1998（平成10）年
4月　町村議会の活性化方策に関する報告書（地方（町村）議会活性化研究会）

1999（平成11）年
12月　本会議・特別委員会及び議員協議会等で議員と同様の議案等を傍聴者へ閲覧資料とし配付

2000（平成12）年
2月　常任委員会で議員と同様の調査資料等を傍聴者へ閲覧資料として配付
3月　一般質問の一問一答方式を採用して、質問・答弁の議論の散漫防止と内容の充実。質問時間を30分から45分に延長
4月　地方分権一括法が施行される
ファクシミリによる会議等の通知により、事務局の省力化と発送経費の削減化（議員は自費購入）

会議録検索システム導入、会議録の印刷・配布を廃止

本会議場（本会議・特別委員会・全員協議会）の庁舎内テレビ放映化

下水道事業の賛否議論等を町民に周知するため議会だより速報版を発行

12月　地方分権時代の住民自治制度のあり方及び地方税財源の充実確保に関する答申（第26次地方制度調査会）

2001（平成13）年

3月　閉会中突発的な常任委員会の活動対応として、包括的な所管事務調査事項を毎定例会ごと議決

議会運営基準の制定（議会の透明性と適正化の推進）

議会の審議などに供するため、各種ジャンルごとにテレビ等からの録画により「ビデオライブラリー」を創設

4月　議会ホームページの創設（執行者側ホームページ担当課一極集中更新方式）

7月　執行者より要請の「議員協議会」を原則として議場を使用し、公開を基本として傍聴の許可、テレビ放映を行う

8月「開かれた議会づくり」に向けた女性団体連絡協議会や傍聴者などとの懇談会を開催、議会に対する意見交換を随時行う

9月　一般質問答弁書を質問者に事前に配付して議論の充実を図る

議会開催周知を議会だより、インターネットに加え、防災行政無線等で行い周知の充実を図る

２００２（平成14）年
５月　国の強制的な合併推進に対して、議会としての研修活動の充実をめざし、自治のあり方を主張する講師による研修会を開催
７月　開かれた議会づくりなどに対する各種懇談会の開催
９月　議員定数の２人削減について全体的な町民懇談会を開催

２００３（平成15）年
４月　会議録の業者委託廃止により、会議録作成期間の短縮及び議会・監査委員事務の効率化のため、委託料とほぼ同額予算で臨時職員を雇用、作成期間目標等の設定
６月　議員定数の削減（16人から14人）
　長期欠席者に対する報酬・手当の減額措置を規定化
８月　議会から選挙管理委員会に申し入れを行い、はじめての選挙公報を発行し、経費の削減と選挙に対する啓発活動の推進
11月　今後の地方自治制度のあり方に関する答申（第27次地方制度調査会）
12月　議会ホームページの独自更新方式による委員会資料等の事前など公開内容の充実と迅速化を図る

２００４（平成16）年
２月　国の強制的な合併推進に対して、議会としての研修活動の充実をめざし、自治のあり方を主張する講師による研修会を開催
６月　委員会の傍聴を許可制から、本会議と同様に「公開」に委員会条例を改正
　これまでの傍聴者を取り締まる内容から、制限を大幅に緩和し、傍聴者を歓迎する視点

に立った傍聴規則の改正

10月　法令の規定以外は、町長の附属委員会からすべての議員が辞退

12月　隣町との合併破たんに関する町民報告会・懇談会を議会主催で開催（福島・吉岡地区）

2005（平成17）年

1月　「議会の評価」の任意制度を導入

議会・議員の活動評価は4年に一度の選挙だけという実態であり、等しく住民の代表として議員活動を行う必要が求められることから、客観的には困難な評価としながらもあえて議会・議員の評価手法を導入し、真の町民代表として資質向上を図り、その責務を果すための一助としました。

3月　分権時代に対応した新たな町村議会の活性化方策中間報告

第2次地方（町村）議会活性化研究会

「議員の評価」の任意制度を導入。全議員の同意を得るため協議会を3月まで開催

12月　地方の自主性・自律性の拡大及び地方議会のあり方に関する答申

（第28次地方制度調査会地方制度調査会）

自治法第2条第4項の「基本構想」と併せて「基本計画」を自治法第96条第2項の規定により議決事項の拡大

2006（平成18）年

1月　第1回目の「議会の評価」結果を公表（内容は17年中の活動）

2月　第1回目の「議員の評価」結果を公表（内容は17年中の活動、14人中8人が提出）

3月　本会議終了後、議会運営委員会を開催し「議会運営全般」について問題点・課題等を検討する

4月　分権時代に対応した新たな町村議会の活性化方策　～あるべき議会像を求めて～

第2次地方（町村）議会活性化研究会（最終報告）

7月　全体的な町民懇談会を開催し、9月定例会に提案する予定の案件（議員定数の削減、報酬の減額、費用弁償の廃止、政務調査費の導入）などについて、広く町民の意見を聞き、併せて開かれた議会の状況を知っていただくことを目的に開催

9月　次の事項を次期改選（19年9月）から実施するため、条例等を改正

①議員定数の削減（14→12人）

②議員報酬の削減（157→131千円、10人分の総費用を12人分で賄う）

③議員の費用弁償の廃止（町内の会議に限り交通費を含めて無支給）

④政務調査費の導入

11月　第1回マニフェスト大賞で「審査委員会特別賞」を受賞

（「最優秀成果賞」と「ベストホームページ賞」の2部門にノミネート）

12月　議会の権能を充実する地方自治法改正の趣旨を踏まえ、会議規則等を改正

①会議規則の改正（委員会の議案提出権、電磁的記録による会議録の作成）

②委員会条例の改正（閉会中の委員の選任）

③町長の専決処分事項指定条例の制定（自治法179条の改正に伴う専決処分事項の明確化）

広域事務組合、広域連合議会への選出議員による議会報告の充実

2007（平成19）年

2月　「議会の評価」、「議員の評価」（内容は18年中の活動）を公表（第2回目）

少しでもわかりやすくするため、「取り組みの評価」の項目を追加。また、前年の評価か

ら、その反省点や課題などを目標とすることが望ましいとして「議員活動の目標（公約）」の様式を新たに追加、公表（定数14人中、8人が提出）

3月　これまで、他議会の休日・夜間議会の状況を調査し、継続性がないことや質問時間等に対する制限をしなければならないことなどから夜間議会に変えた方策に取り組んできましたが、町民懇談会などで強い要望があり、「夜間議会」を開催

5月　これまでの4年間のあゆみと今後の課題・検討事項について広く町民の意見を聞き、併せて開かれた議会報告の町民懇談会を開催

委員会活動の充実強化を図るため、「委員間討議」の時間を設定して所管事務調査を実施

4年間の議会改革の検証と求められる諸課題等について講師を招いて議員会主催による研修会を開催

声の議会だより作成（19年第1回定例会の内容）

7月　第29次地方制度調査会の発足

8月　土・日曜日の期日前投票を活用することによる投票率の向上と、投開票事務の経費削減を図る目的で選挙管理委員会に議会が要望して投開票日を平日に実施

選挙公報の発行（第2回目）

9月　第3次地方（町村）議会活性化研究会が発足～大規模市町村合併後における基礎自治体のあり方と町村議会のあるべき姿～

初議会（臨時会）を任期最初の日の土曜日に開催

初議会の正副議長選挙の前に、本会議を休憩して議員協議会を開催、正副議長を志す者

の所信表明演説を実施。

改選後に、今後の4年間の課題・方向性を全議員で確認

①討論の交互廃止、②委員間討議の充実・強化、③委員外議員の参加及び討議の充実、④議会白書の作成、⑤広報、公聴常任委員会の新設、⑥一般質問の時間制限の廃止、⑦「質問」の回数制限廃止、⑧議員研修条例の制定、⑨議員の口利き防止条例の制定、⑩傍聴人の討議への参加、⑪「質疑」の回数制限廃止、⑫議会による行政評価、⑬説明員の反問制度の導入、⑭通年議会制度の導入、⑮文書質問制度の導入、⑯学識経験者等の専門的知見の活用等、⑰議会評価、議員評価の充実、⑱選挙期間における立会演説会・討論会の開催、⑲議会基本条例の制定

政務調査費の交付に関する条例の一部改正（改選期と補欠選挙の条項整理）

11月　第2回マニフェスト大賞で「最優秀成果賞」を受賞

ベスト・ホームページ賞2年連続「ノミネート」

12月　活発な討論による意見表明を期待し、会議規則の「討論交互の原則」を廃止。（会議規則52条削除）

2008（平成20）年

1月　「議会の評価」（内容は19年中の活動）を公表（第3回目）

2月　「議員の評価」（内容は19年中の活動）を公表（第3回目）12人中7人が提出

3月　「福島町議会活性化事項の試行に関する実施要綱」（平成20年3月11日から9月30日）を制定し、次の項目について実施

①通年議会制度、②質疑の回数制限の撤廃、③説明員の反問制度、④文書質問制度、⑤傍聴人の討議への参加

「夜間議会」を開催（第2回目）

議員の資質向上と議会の活性化を図るため、議員研修条例を制定

「一般質問」、「委員外議員」の制限を廃止

①一般質問の回数・時間制限の廃止（会議規則・発言運用基準の改正）

②委員外議員の出席・発言に関する制限の廃止（会議規則の改正）

全議員の構成による「広報・広聴常任委員会」の新設（部会制）

職員が外部から働きかけを受けた場合の対処方法として、「取扱要領」等の制定を要望する「公職にある者等からの働きかけの取り扱いの方針に関する決議」

5月　議会単独のURL取得（http://www.gikai-fukushima-hokkaido.jp/）

6月　福島町議会議員の不当要求行為等を防止する条例（議員倫理条例）を制定

9月　自治法の改正により、議会活動の範囲の明確化されたことに伴い、①「全員協議会」②「正副議長・正副委員長会議」③「委員会協議会」を会議規則に規定した。

11月　第3回マニフェスト大賞で「ベストホームページ賞」を受賞

12月　議会基本条例案提案

2009（平成21）年

2月　「議会の評価」（内容は20年中の活動）を公表（第4回目）

3月　「議員の評価」（内容は20年中の活動）を公表（第4回目）12人中7人が提出

（議員活動の目標（公約）」の提出者は8人（1人増）

「夜間議会」を開催（第3回目）

「議会基本条例」を修正可決（賛成7人、反対5人）

○基本条例の制定に関連する議案と規則等

①「福島町会議条例」の制定（旧「委員会条例」、「会議規則」等の統合）

②議会議員の歳費及び費用弁償等に関する条例の一部改正

③福島町議会への参画を奨励する規則の制定（旧「傍聴規則」の全部改正）

④福島町議会事務局の組織に関する規則の一部改正

⑤福島町議会の運営に関する基準の一部改正

⑥議場における発言等に関する運用基準の一部改正

4月　議会基本条例・関係条例等の施行

6月　議会報告会の開催

10月　総合開発計画」の基本目標と主要施策の議会提言（政策提言）

12月　議会インターネット映像配信を開始（ライブ・オンデマンド）

福島町まちづくり基本条例

目次

前　文

わたしたちのまち福島町は、北海道漁業のさきがけとして拓かれた津軽海峡（うみ）と大千軒岳がそびえ立つ四季折々の自然に恵まれたまちです。

わたしたちは、先人から受け継いだ豊かな自然や産業、培われてきた歴史と文化を誇りとして未来を担う子どもたちへと引き継ぎ、今まで以上に「住んでいてよかった」、「これからも住み続けたい」と思えるまちづくりをめざします。

ここに、わたしたちは町民憲章の持つ精神に立ってまちづくりを進めていくことを誓い、町民、議会、行政がそれぞれの役割を自覚し、世代を越えて互いに力を合わせ自らの創意工夫により住民自治を確立するために、この条例を制定します。

第1章　総　則

（目的）

第1条　この条例は、福島町のまちづくりに関する基本的事項を定めるとともに、町民の権利と責務及び議会と行政の役割と責務を明らかにし、町民自らがまちづくりに参画し協働することによって住民自治の実現を図ることを目的とします。

（用語の意味）

第2条　この条例で使われている用語の意味は、次のとおりとします。

(1)　町民　町内に居住する人、町内で働く人、町内で学ぶ人、町内で活動を行う団体及び町内の企業市民をいいます。

(2)　町　執行機関及び議会をいいます。

(3)　まちづくり　前文に掲げた理念に基づき、「住んでいてよかった、これからも住み続けたいと思うまち」を実現することをいいます。

（まちづくりの目標）

第3条　わたしたち町民は、町民憲章を基に、次のとおりまちづくりの目標を定めます。

(1)　健康で、たがいに尊重し、楽しい家庭をつくります。

(2)　きまりを守り、助け合い、明るいまちをつくります。

(3)　自然を愛し、環境をととのえ、美しいまちをつくります。

(4)　知性を高め、文化を育て、学びあうまちをつくります。

(5)　生産の工夫をし、元気に働き、豊かなまちをつくります。

第2章　町民の参画及び協働

（町民の役割と基本姿勢）

第4条　町民は、まちづくりの主体として、自ら考え行動し、住みよい地域づくりに努めます。

2　町民は、まちづくりの主体であることを認識し、総合的な視点に立ち、まちづくりの活動において自らの発言と行動に責任を持つように努めます。

3　町民は、お互いを尊重し合い、協力し合うとともに、町との連携協力によるまちづくりを推進するように努めます。

（町民の権利）

第5条　町民は、町の保有する情報について知る権利を有するとともに、自主的な活動に取り組み、かつ、町政に参加する権利を有します。

2　町民は、まちづくり活動への参加又は不参加を理由として不利益な扱いを受けません。

（満20歳未満の町民の権利）

第6条　満20歳未満の青少年及び子どもは、次世代の担い手として、それぞれの年齢にふさわしいまちづくりに参加する権利を有します。

（参画及び協働）

第7条　町民は、まちづくりや町の重要な施策及び計画の策定に関する提言又は提案を行うことができます。

2　町民と町は、協働のまちづくりを推進するに当たっては、目的意識の共有に努めます。

（参画機会の保障）

第8条　町は、町政の基本的な事項を定める計画や条例の立案等の検討過程において、広く町民が参画する機会を保障し、協働のまちづくりを積極的に推進します。

（委員の公募）

第9条　執行機関は、審議会等の委員の選任に当たっては、公募の委員を加えるように努めます。

（パブリック・コメント—町民の意見表明—）

第10条　町は、町民生活に重要な計画等の策定に当たり、町民の意見を反映させるため、案の内容等を公表し、町民の意見を聞くとともに、提出された町民の意見に対する町の考え方を公表します。

（コミュニティ活動の推進）

第11条　町は、まちづくりに自主的、自立的に取り組んでいる町民のコミュニティが自治の推進に大きな役割を果たすことを認識し、その活動を尊重します。

2　町は、コミュニティの自主性、自立性に配慮しながら、コミュニティ活動の推進に必要な地域情報の提供その他の支援に努めます。

3　町民は、コミュニティの活動を推進していくため、互いに情報提供を行い、活動に参加するように努めます。

第3章　議　会

（議会の役割と責務）

第12条　議会は、町民の代表機関であることを自覚し、民意の把握、さらには、議会への町民参加を推進し、町民に分かりやすい、開かれた議会をめざします。

2　議会は、議員相互の自由討議により議論を尽くし、議決に当たつては意思決定の過程及びその妥当性を町民に明らかにします。

3　議会は、豊かなまちづくりの実現をめざし、町民が実感できる政策の提言・提案に努めます。

4　第1項から前項までに規定するもののほか、本条に関し必要な事項は、福島町議会基本条例（平成21年福島町条例第11号）に定めるところによります。

（議員の責務）

第13条　議員は、この条例の理念を遵守し、町民の信託に対する自らの責任を誠実に果たします。

第4章　町長等

（町長の責務）

第14条　町長は、町民の信託にこたえるために、公正かつ誠実に町政の執行に当たり、町民に対する自らの政治責任を果たします。

2　町長は、この条例の理念を実現するために、全力を挙げてまちづくりの推進に努めます。

（就任時の宣誓）

第15条　町長は、就任に当たつては、日本国憲法により保障された地方自治の一層の充実をめざし、この条例の理念を実現するために、福島町の代表者として公正かつ誠実に職務を遂行することを宣誓します。

2　前項の規定は、副町長及び教育長の就任について準用します。

（執行機関の責務）

第16条　執行機関は、その権限と責任において、公正かつ誠実に事務の執行に当たります。

2　執行機関は、町民の意思を反映するまちづくりを進めるため、情報の共有と町民参加を図り、連携協力して事務の執行に努めます。

（町職員の責務）

第17条　町職員は、常に町民が主権者であることを認識し、全体の奉仕者として、この条例の理念を実現するために、全力を挙げてまちづくりの推進に努めます。

2　町職員は、まちづくりに必要な知識の取得、技能の向上に努めます。

3　町職員は、自らも地域の一員であることを自覚して、町民の信頼の獲得に努めます。

第5章　町政運営

（総合計画）

第18条　町長は、この条例の目的及び目標に基づくまちづくりの具体化のため、基本構想、基本計画及び実施計画から構成される総合計画（以下「総合計画」という。）を策定します。

2　総合計画は、社会経済状況の変化及び新たな行政需要に対応できるよう常に検討を加え柔軟に見直しを行います。

3　町長は、総合計画に基づく事業の進行状況を管理し、その状況を公表します。

（財政運営）

第19条　執行機関は、総合計画、行政改革に関する計画及び行政評価を踏まえた財政計画を策定し、健全で持続可能な財政運営を行うとともに、財政状況を分かりやすく公表します。

（行政改革・行政評価）

第20条　執行機関は、行政運営のあり方を見直すため行政改革に関する計画を策定し、行政改革を進めます。

2　執行機関は、行政活動を点検し改善を図るため行政評価を行い、効率的かつ効果的な行政運営に努めます。

（組織・機構）

第21条　町の組織は、町民に分かりやすく機能的なものであると同時に、相互の連携が保たれるよう柔軟に編成し、円滑な行政運営を進めます。

（災害などへの対処）

第22条　町は、災害などの不測の事態から町民の生命と財産、生活の安全を守るように努めます。

2　町民は、自ら災害などに備え、緊急時には地域で相互に助け合います。

（住民投票）
第23条　町長は、まちづくりに関する重要課題（以下「重要課題」という。）について、直接、町民の意思を確認するため、住民投票を実施することができます。
2　町民は、重要課題について、選挙権を有する者の4分の1以上の連署により、町長に住民投票を請求することができます。
3　住民投票の実施に関し必要な事項は、それぞれの事案に応じ、別に条例で定めます。
4　町民及び町長と議会は、住民投票の結果を尊重します。

第6章　情報共有

（情報共有の原則）
第24条　町民と町は、まちづくりの目標を実現するために必要な情報を共有します。

（情報提供）
第25条　町は、福島町情報公開条例（平成12年福島町条例第1号）で定めるところにより、町民に対し町の保有する情報を公開するとともに、分かりやすく提供します。
2　町は、まちづくりに関する情報を収集し、速やかに提供できるよう整理、保存に努めます。

（説明責任）
第26条　町は、施策の立案から実施、評価に至るまで、その経過や内容、目標の達成状況等を町民に分かりやすく説明します。

（応答責任）
第27条　町は、町民のまちづくりに関する意見及び要望、苦情に対し迅速かつ誠実に応答します。

（個人情報の保護）
第28条　町は、個人の権利及び利益が侵害されることのないように、福島町個人情報保護条例（平成12年福島町条例第2号）で定めるところにより、町の保有する個人情報を保護します。

第7章　連　携

（様々な人たちとの交流）

第29条　町民及び町は、様々な活動や交流を通じて、福島町出身者をはじめとした町外の人々の知恵や意見をまちづくりに活用するように努めます。

（広域的な連携）

第30条　町は、近隣自治体との広域連携や国、北海道、その他の機関と連携を図りながら、まちづくりを推進します。

第8章　条例の位置付け等

（この条例の位置付け）

第31条　この条例は、まちづくりの基本原則であり、町民及び町は、この条例の趣旨を最大限に尊重してまちづくりを進めます。

2　町は、他の条例、規則等の制定改廃に当たっては、この条例の趣旨を最大限に尊重します。

（まちづくり推進会議の設置）

第32条　町長の附属機関として、福島町まちづくり推進会議（以下「推進会議」という。）を設置します。

2　前項の推進会議に必要な事項は、別に条例で定めます。

（条例の検討及び見直し）

第33条　町は、この条例の内容について、施行後4年を超えない期間ごとに検討を加え、その結果に基づいて見直しを行います。

附　則

この条例は、平成21年4月1日から施行します。

福島町議会基本条例

目次

前文

福島町民の直接選挙で選ばれた議員により構成される福島町議会と福島町長は、二元代表民主制の下で、合議制、独任制という、それぞれの特性を活かし、緊張関係を維持しながら、政策をめぐる立案・決定・執行・評価（監視）における論点・争点を明確にし、福島町の善政について、競い合い、協力し合う事を常に意識し町政を運営する。

議会は、「議会の主役は議員」、「住民が参画（協働）する議会」、「変化を恐れない議会」と三つの視点で「気がついた事から」、「できる事から」一歩ずつ改革を積み上げ、期待される「開かれた議会」づくりを進めてきました。

過疎、少子高齢化が加速する現状の中で、今後の地方分権改革は、国と地方を「対等・協力」の関係とし、「自由と責任」、「自立と連携」を基本原則とした完全な自治体として「地方政府」を目指すことになります。「地方政府」を担う行政と議会に対する改革の要請は厳しく、責任は重大となり、果たす役割は一層重要となります。

議会は、憲法・地方自治法を遵守し、町の最高規範である「まちづくり基本条例」における議会・議員の役割と責

務に基づき、
一　町民と議会の協働・情報共有
一　町長等執行機関との適切な緊張を維持しながらの善政競争
一　町民・議会・行政が協働しての政策実現にむけての多様な参加・討議
一　議会・議員の評価制度等適正な議会機能の展開
一　公開性・公平性・透明性・信頼性の重視等

を本条例に定め、議会・議員としての使命と責任を強く自覚し、主体的、機動的な議会活動を実践し、町民の負託にこたえ、豊かなまちづくりのために不断の努力を続けます。

第1章　総　則

（目的）
第1条　この条例は、分権と自治の時代にふさわしい地方政府としての議会・議員の活動の活性化と充実のために必要な、議会運営の基本事項を定めることによつて、「わかりやすく町民が参加する議会」、「しっかりと討議する議会」、「町民が実感できる政策を提言する議会」を主体とした取り組みを行い、福島町の持続的で豊かなまちづくりの実現に寄与することを目的とする。

第2章　議会・議員の使命と政治倫理

（議会・議員の使命）
第2条　議会・議員は、分権と自治の時代にふさわしい地方政府として求められる役割機能を十分に果たし、二元代表民主制の充実と町民自治の観点から、政策をめぐる立案・決定・執行・評価（監視）における論点・争点を明確にし、真の地方自治の実現を図ることを使命とする。

（通年議会）
第3条　議会は、前条の目的を達成し、使命を果たすため、情報公開、町民参加を積極的に進め、町民の意見、要望等を的確に把握し、議会が本来有する自律性により主体的・機動的な活動を展開するため、議会・議員活動の基本となる会期を通年とする。
2　議会の会期を通年とする必要な事項は、福島町議会会議条例（平成21年条例第12号）で定める。

（議員の政治倫理）

第4条　議員は、町民全体の代表者として二元代表民主制の議会の役割を十分果たすため、その倫理性を常に自覚し、自己の地位に基づく影響力を不正に行使し、町民の疑惑を招くことのないよう行動する。
2　議員の政治倫理等に関する必要な事項は、福島町議会議員の不当要求行為等を防止する条例（平成20年条例第15号）で定める。

第3章　議会・議員の活動原則

（議会の活動原則）
第5条　議会は、町民自治を基礎とする町民の代表機関であることを常に自覚し、公開性、公正性、透明性、信頼性を重んじた町民に開かれた議会、町民参加を不断に推進する議会を目指して活動する。
2　議会は、議会が、議員、町長、町民等の交流と自由な討論の広場であるとの認識に立って、前項の規定を実現するため、この条例に規定するもののほか、別に定める会議条例等の内容を継続的に見直す。
3　議会は、委員外議員の制限規定を廃止し、多様な討議を展開して委員外議員を含めた委員会活動の充実強化を図る。
4　議会は、ホームページを利用して、会議の議案・調査資料等を事前に情報提供する。
5　議長は、町民が議会の審議内容をわかりやすく傍聴できるよう、傍聴者に議案の審議に用いる資料等を提供し、傍聴者の意見を聴く機会を設けるなど、町民の傍聴意欲を高める議会運営をする。
6　議会は、会議を定刻に開催するものとし、会議を休憩する場合には、その理由・再開の時刻を傍聴者に説明する。
7　傍聴に関し必要な事項は、福島町議会への参画を奨励する規則（平成21年議会規則第1号）で定める。

（議員の活動原則）
第6条　議員は、議会が言論の府として合議制の機関であることを十分に認識し、議員相互の自由な討議の推進を重んじる。
2　議員は、町政の課題について、課題別・地域別等の町民の意見を的確に把握し、自己の能力を高める不断の研さんに努め、町民に選ばれた者としてふさわしい活動をする。

3　議員は、個別事案の解決だけでなく、町民全体の暮らしの向上を目指し、町政を総合的な見地からとらえた活動をする。

第4章　町民と議会の協働

（町民参加・町民との協働）

第7条　議会は、議会の活動に関する情報公開を徹底し、説明責任を十分に果たし、地域を熟知する町民と互いの情報を共有する。

2　議会は、本会議、常任委員会、議会運営委員会、特別委員会、全員協議会等すべての会議を原則公開するとともに、町民が議会の活動に関心を持ちいつでも参加できるよう運営する。

3　議会は、常任委員会、特別委員会等の運営に当たり、参考人制度・公聴会制度を十分に活用して、町民や学識経験者等の専門的・政策的識見等を議会の討議に反映させる。

4　議会は、請願・陳情を町民による政策提案と位置づけ、審議においては、提案者の意見を聴く機会を設ける。

5　議会は、町民、町民団体、ＮＰＯ等との意見交換の場を多様に設け、議会・議員の政策能力を強化し、町民と議会が積極的に政策提案できるような協働を目指して、政策提案の拡大を図る。

6　議会は、町民に対し、各議員の選挙公報等における公約の実現性、議案等に対する議員個々の採決態度を議会広報で公表する等、議員の活動を的確に評価ができる情報を提供する。

7　議会は、多くの町民が参加できるよう、平日の夜間、土曜・日曜日に会議を開催するよう努める。

8　議会は、町民の参加と連携を高める方策として、全議員出席のもと、町民に対し説明責任を果たす議会報告会を年１回以上開催し、広く町民の意見を聴取して議会活動に反映させる。

第5章　町長等と善政競争する議会

（町長等と議会・議員の関係）

第8条　町民の直接選挙で選ばれた議員により構成される議会と町長は、それぞれの特性を活かし、緊張関係を維持しながら、政策をめぐる論点・争点を明確にし、福島町の善政について、競い合い、協力し合う事を常に意識して、町政を運営する。

2　議会のすべての会議における議員と町長等執行機関との質疑応答は、広く町政上の論点・争点を明確にして一定の方向性を見いだすため、回数・時間などを制限しない一問一答の方式で行う。

3　議会・議員は、一般質問等に当たつては、目的を十分認識し、単に町長等への質問に終始することなく、政策提言等の討議による善政競争を展開する。

4　町長等は、一般質問の通告制の趣旨を重んじ、事前の答弁調整としてではなく、討議の充実を図る観点から、議会（質問議員）に対して事前に答弁書を提出する。

5　議員は、二元代表民主制の充実と町民自治の観点から、法定以外の執行機関の諮問機関、審議会等の委員に就任しない。

6　議長から本会議、常任委員会、特別委員会等への出席を要請された町長等は、議員の質問に対して論点、争点の明確化等を図るため反問することができる。

（町長による政策形成過程等の説明）

第9条　町長は、議会に政策等（計画、事業等）を提案するときは、内容をより明確にするため、次に掲げる形成過程の資料を提出する。

(1)　政策等の発生源
(2)　検討した他の政策等の内容
(3)　他の自治体の類似する政策等との比較検討
(4)　総合計画等における根拠又は位置づけ
(5)　関係ある法令及び条例等
(6)　政策等の実施にかかわる財源措置
(7)　将来にわたる政策等のコスト計算

2　議会は、前項の政策等の提案を審議するに当たつては、政策等の適否を判断する観点から、立案、決定、執行における論点、争点を明確にし、執行後における政策評価に資する審議を行う。

（予算・決算における政策説明資料の作成）

第10条　町長は、予算・決算を議会に提出し、議会の審議に付すに当たつては、前条の規定に準じて、分かりやすい施策別・事業別の政策説明資料を提出する。

2　町長は、決算審査にあたつて執行方針・予算等に基づいて行う行政評価・事務事業評価について、説明資料を付して提出する。

（議決事件の拡大）

第11条　代表機関である議会が、町政における重要な計画等の決定に参画する観点と、同じく代表機関である町長の政策執行上の必要性を比較考量し、その決定に当たっては議会としての議決責任という役割を町長等と公平に分担するという観点に立ち、自治法第96条第2項の議会の議決事件について、次のとおり定める。

(1)　福島町総合計画

(2)　福島町過疎地域自立促進市町村計画

(3)　福島町まちづくり行財政推進プラン

(4)　福島町都市計画

(5)　福島町地域防災計画

(6)　福島地域マリンビジョン計画

(7)　福島町農業振興地域整備計画

(8)　福島町森林整備事業計画

(9)　福島町地域福祉計画

(10)　福島町住宅マスタープラン

(11)　福島町高齢者保健福祉計画・介護保険事業計画

(12)　福島町次世代育成支援行動計画

（文書質問）

第12条　議員は、通年議会の制度を活用し、休会中においても主体的・機動的な議員活動に資するため、議長を経由して町長等に対し文書質問をすることができる。

2　文書質問について必要な事項は、会議条例で定める。

第6章　適正な議会機能

（適正な議会費の確立）

第13条　議会は、議会費について、町長との二元代表民主制の一方としての立場から、町長と協議して一定の標準率などにより、適正な議会活動費の確立を目指す。

2　議会は、議長交際費を含めて、議会費の使途等を議会だより、議会ホームページなどにより町民に公表する。

（議員定数・歳費）

第14条　議員定数・歳費は、それぞれ会議条例、議会議員の歳費及び費用弁償等に関する条例（昭和40年条例第19号）で定める。

2　前項に規定する議会議員の歳費及び費用弁償等に関する条例には、適正な歳費の確立を期すため、歳費の標準率（額）・歳費額を示す。

3　議員定数・歳費の改正に当たつては、行財政改革の視点だけでなく、町政の現状と課題、将来の予測と展望を十分に考慮するとともに、合議制の機関である議会の機能を果たす役割を認識し、議員活動の評価等に関連して町民の意見を聴取するため、参考人制度・公聴会制度を十分に活用し、適正な議員定数・歳費の確立を期す。

4　議員定数・歳費の改正については、自治法第74条第1項の規定による町民の直接請求があつた場合を除き、改正理由の説明を付して必ず議員が提案する。

（議員研修の充実強化）

第15条　議会は、議員の政策形成・立案能力等の向上を図るため、別に定める福島町議会議員研修条例（平成20年条例第9号）に基づき議員研修を実施する。

2　議会は、議員研修の充実強化に当たり、広く各分野の専門家、町民各層等から情報を得て議員活動に活用する議員研修会を積極的に開催する。

（政務調査費）

第16条　政務調査費は、議員による政策研究、政策提言等が確実に実行されるよう、別に定める福島町政務調査費の交付に関する条例（平成18年条例第20号）に基づき議員個人に対して交付する。

2　政務調査費の交付を受けた議員は、公正性、透明性等の観点に加え、その支出根拠が議会の議決を要する予算であることから、町民等から疑義が生じないよう、議長に対して証票類を添付した報告書を提出し、自ら1年に1回以上、政務調査費による活動状況を町民に公表する。

（議会白書、議会・議員の評価）

第17条　議会は、町民に議会・議員の活動内容を周知し、情報を共有することにより、議会活動の活性化を図るため、しつかりと現状を把握し議会の基礎的な資料・情報、議会・議員の評価等を1年毎に調製し、議会白書として町民に公表する。

2　議会は、議会の活性化に終焉（えん）のないことを常に認識し、議会評価を1年ごとに適正に行い、評価の結果を町民に公表する。

3　議員は、複数の町民の代表者を擁する議会の一員をなしていることから、多様な議員活動の評価については、自己評価として1年ごとに町民に公表する。

4　議会白書、議会の評価、議員の評価に関する必要な事項は、福島町議会運営基準（平成13年議会基準第1号）で定める。

（議長・副議長志願者の所信表明）

第18条　議会は、議長・副議長の選出にあたり、議会活動の方向性を明確にし、議会の透明性をより一層強め、二元代表民主制の議会の責務を強く認識して、町民との協働のまちづくりを進めるため、それぞれの職を志願する者に所信を表明する機会を設ける。

（議会広報の充実）

第19条　議会は、町政に係る論点・争点の情報を、議会独自の視点から、常に町民に対して周知する。

2　議会は、情報通信技術（ＩＣＴ）の発達をふまえた多様な広報手段を活用し、多くの町民が町政に関心を持つ議会広報活動を行う。

（附属機関の設置）

第20条　議会は、議会活動及び町政の課題に関する審査・調査のため必要があると認めるときは、議決により、学識経験を有する者等で構成する附属機関を設置する。

2　議会は、必要があると認めるときは、前項の附属機関に、議員を構成員として加える。

3　附属機関に関し必要な事項は、議長が別に定める。

（議会事務局の体制整備）

第21条　議会は、議会・議員の政策形成・立案機能を高めるため、議会事務局の調査・法務機能を積極的に強化する。当分の間は、執行機関の法務機能の活用、職員の併任等を考慮する。

（議会図書室の充実、公開）

第22条　議会は、図書室に、自治法第１００条の規定による官報、広報、刊行物のほか、次の図書等を保管し、議員のみならず、町民、町職員の利用に供する。

(1)　予算・決算資料
(2)　福島町の各種計画書
(3)　町広報
(4)　議会だより
(5)　その他必要な図書及び資料

第7章　会議の運営

（自由討議による合意形成）

第23条　議会は、議員による討議・討論の広場であることを十分に認識し、本会議、常任委員会、特別委員会等において、議員提出議案、町長提出議案、町民提案等に関して審議し結論を出す場合、町長等に対する本会議等への出席要請を必要最小限にとどめ、議員相互の自由討議を中心に議論を尽くして、少数意見を尊重しながら合意形成に努め、町民に対する説明責任を十分に果たす。

2　議員は、前項による議員相互の自由討議を拡大し、政策・条例・意見等の議案提出を積極的に行う。

（委員会の活動）

第24条　議会は、委員会の運営に当たつて、資料等を積極的に事前公開し、町民に分かりやすい議論を行う。

2　委員長は、自由討議による合意形成に努め、委員長報告を自ら作成し、報告に当たつては、論点・争点等を明確にして、責任をもつて質疑に対する答弁を行う。

（開かれた活動的な議会の推進）

第25条　議会は、町民の代表機関として、町政の諸課題に柔軟に対処し、社会、経済情勢等により新たに生じる行政課題に適切かつ迅速に対応するため、常任委員会、特別委員会等の適正な運営とすべての議会の会議等の連携により機動力を高めアクティブ型議会を推進する。

2　議会は、広報・広聴常任委員会を町民との協働のまちづくりを目指す討議の場ととらえ、地域の課題、行政の政策課題、基本構想・基本計画、予算、条例などについて、町民と情報を共有し、自由に意見交換する。

第8章　条例の位置づけと見直し手続き

（最高規範性）

第26条　この条例は、議会の最高規範であつて、この条例に違反する条例、規則、規程等を制定してはならない。

2　議会は、議会に関する憲法、法律、他の法令等の条項を解釈し、運用する場合においても、この条例に定める理念・原則に照らして判断する。

（議会・議員の責務）

第27条　議会・議員は、この条例に定める理念・原則、この条例に基づいて制定される条例、規則、規程等を遵守して議会を適正に運営し、町民を代表する合議制の機関として、町民に対する責任を果たす。

（見直し手続）

第28条　議会は、一般選挙を経た任期開始後、速やかに、この条例の目的が達成されているかどうかを検討する。

2　議会は、前項による検討の結果、制度の改善が必要な場合は、厳格にして慎重な意思決定を期待する特別多数議決の趣旨を尊重し、全ての議員の合意形成に努め、この条例の改正を含めて適切な　措置を講じる。

3　議会は、この条例を改正する際には、いかなる場合でも改正の理由、背景を詳しく説明する。

（条例のつくり）

第29条　この条例のつくりの根底をなすものは、正確を基本とするとともに、条文をわかりやすくするため、引用文の省略など、条例制定の既定の手法を改善するものとする。

2　条項の規定を一層明確にするため、受動的・間接的な表現を能動的なものとする。

附　則

（施行期日）

1　この条例は、平成21年4月1日から施行する。

（議会の議決すべき事項を定める条例の廃止）

2　議会の議決すべき事項を定める条例（平成17年福島町条例第14号）は、廃止する。

附　則（平成21年11月9日条例第21号）

この条例は、公布の日から施行する。

福島町議会議員の不当要求行為等を防止する条例

平成20年6月11日　条例第15号

（目的）

第1条　この条例は、福島町議会議員（以下「議員」という。）の政治倫理に関する基本となる事項を定めることにより、議員が政治倫理の高揚に努め、町民に信頼される議会づくりを進め、もつて町政の健全な発展に寄与することを目的とする。

（議員の責務）

第2条　議員は、二元代表制の一翼を担う町民全体の奉仕者として、自らの役割と責任を深く自覚し、その使命の達成に努めなければならない。

2　議員は、政治倫理に反する事実があるとの疑惑を持たれたときは、その疑惑を解明し、責任を明らかにするよう努めなければならない。

（政治倫理基準の遵守）

第3条　議員は、次に掲げる政治倫理基準を遵守しなければならない。

(1)　二元代表制の一翼を担う町民全体の奉仕者として、法令を遵守し、議会及び議員の品位及び名誉を損なう行為を慎み、不正の疑惑を持たれるおそれのある金品の授受その他の行為をしないこと。

(2)　福島町職員の職務執行を妨げるような不正な働き掛けをしないこと。

(3)　福島町が資本金、助成金、補助金その他これらに準じるものを出資している法人等若しくは福島町が行う許可又は請負その他の契約等に関し、特定の者のために有利な取扱い又は不利な取扱いをするよう働き掛けをしないこと。

(4)　福島町の職員の採用、昇任等の人事に関し、不正な働き掛けをしないこと。

（調査及び審査）

第4条　議長は、議員の政治倫理基準の遵守に関する事項について、調査及び審査する必要があると認めるときは、これを議会運営委員会に諮る。

（報告の要求）

第5条　議長は、この条例の趣旨に基づき、必要があると認めるときは、町長に対し「町政への働きかけの取り扱いに関する要綱」に規定する記録票等の提出を求めることができる。

（委任）

第6条　この条例の施行に関し必要な事項は、議長が定める。

附　則

この条例は、平成20年7月1日から施行する。

福島町議会への参画を奨励する規則

福島町議会傍聴規則（平成16年6月24日議会規則第1号）の全部を次のように改正する。

（この規則の目的）
第1条　この規則は、地方自治法（昭和22年法律第67号）第130条第3項の規定及び、福島町議会基本条例（以下「基本条例」という。）の理念・原則に基づき、傍聴に関し必要な事項を定めることを目的とする。

（用語の規定）
第2条　「傍聴」（以下「参画」という。）とは、前条に規定する基本条例の理念・原則に基づき、会議においてその議論等を一方的に聴くだけではなく、議長の許可を受けて討議に参加することを言う。

（参画の奨励）
第3条　議会は、町民自治を基礎とする町民の代表機関であることから、町民参加の大事な場としてとらえ、参画者を積極的に受け入れ、その意見等を聴く機会などを設けなければならない。

（参画席の区分）
第4条　参画席は、一般席及び報道関係者席に分ける。

（参画者の定員）
第5条　一般席の定員は30人とし、うち車椅子用の参画席を2人分とする。

（参画の手続）
第6条　会議を参画しようとする者は、所定の場所で自己の住所、氏名及び年齢を参画者受付簿に記入しなければならない。

（入場券）
第7条　議長は、必要があると認めるときは、前条の規定にかかわらず入場券を交付することができる。

2　入場券は、会議当日所定の場所で先着順により交付する。

3　入場券の交付を受けた者は、入場券に記載された日に限り参画することができる。

4　参画者は、係員から要求を受けたときは、入場券を提示しなければならない。

5　入場券の交付を受けた者は、参画を終え退場しようとするときは、これを返還しなければならない。

（議場への入場禁止）

第8条　参画者は、議場に入ることができない。

（参画席に入ることができない者）

第9条　議事を妨害することを疑うに足りる顕著な事情が認められる者は、参画席に入ることができない。

（参画者の守るべき事項）

第10条　参画者は静粛にし、次の事項を守らなければならない。

(1)　議場の秩序を乱し、又は議事の妨害となるような行為をしないこと。

(2)　飲食又は喫煙をしないこと。

（係員の指示）

第11条　参画者は、すべて係員の指示に従わなければならない。

（違反に対する措置）

第12条　参画者がこの規則に違反するときは、議長は、これを制止し、その命令に従わないときは、これを退場させることができる。

附　則

この規則は、全部を改正し平成21年4月1日から施行する。

○二元代表民主制《にげんだいひょうみんしゅせい》（二元代表制）

地方自治体では、首長と議会議員をともに住民が直接選挙で選ぶ、という制度をとっています。これを二元代表民主制と言います。これに対して国では、選挙された議員で組織された国会が指名する内閣総理大臣が内閣を組織し、国会に対して責任を負う、という議院内閣制です。

このような制度の違いから、国では内閣を支持する政党とそうでない政党との間に与野党関係が生まれます。

地方議会においても、首長を支持する会派とそうでない会派の間に、疑似的な与野党関係が生まれることがあります。しかし、これは国の議院内閣制の枠組みを、首長選挙の際の支持不支持に当てはめているため起こることです。二元代表民主制においては、制度的には与野党関係は発生しません。

首長、議会がともに住民を代表する二元代表民主制の特徴は、ともに住民を代表する独任制の首長と合議制の議会が相互の抑制と均衡によって緊張関係を保ちながら町政を進めていくことにあります。

議会が首長と対等の機関（機関競争・対立）として、その地方自治体の運営の基本的な方針を決定（議決）し、その執行を監視し、また積極的な政策提案をとおして政策形成の舞台となることこそ、二元代表制の本来の在り方であるといえます。

○善政競争《ぜんせいきょうそう》

地方自治体は国の議院内閣制とは異なる「二元代表制」という町長と議員がともに同じ町民に選ばれる機関競争（対立）主義のしくみをとっています。

地方分権の目指す、住民自治を根幹とする議会の役割は、従来の監視機能に加え、政策立案機能も求められています。このように議会の役割が増すなかで、独任制の町長と合議制の議会が切磋琢磨して、よりよい町の政策・政治のために互いに競争しながら町の運営を担おうとする意味の造語です。

○通年議会《つうねんぎかい》

議会が町の政策等の最高議決機関としてあるならば、経費を抜きにして、会議は多い方が良いわけです。

平成 16 年の法律の改正では、議会の活性化や役割の充実を図る意味から、定例会の開催制限もなくなりました。

福島町議会は、すでに条例の改正（19 年 9 月）を行い会議の費用弁償も支給していません。議会運営の活性化のためには会議の開催日数を増やすことも大事な要因となります。このことから、会期を究極の通年（1 年）としました。なお、通年とする区分は、暦年ではなく予算の年度区分としました。

これからの議会

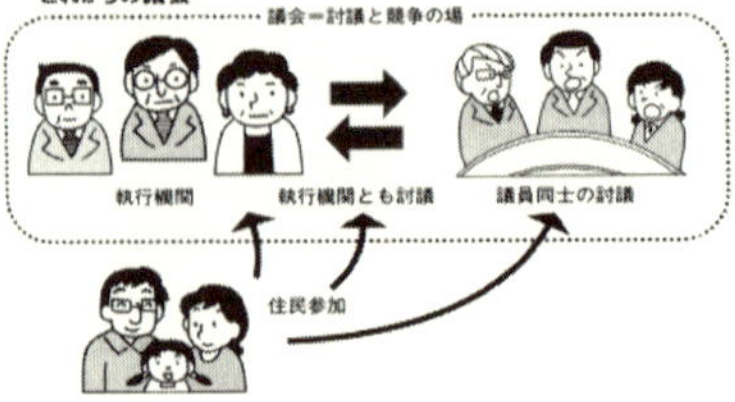

○自由討議《じゆうとうぎ》

今日、議会は質問と応答の場に化しているといわれています。討議のメリットは、問題を多角的複眼的に検討できることであり、多くの議員がさまざまに討議することによって、メリットとデメリットを明確にし、さらにデメリットを緩和する手法も見出されます。

また、討議は合意を形成する可能性を増大させます。合意の形成のためには、公開の場での議員同士の討議が不可欠であるといわれ、議会の存在意義にもなる重要な事項となっています。

○反問権《はんもんけん》

町長と議会の適切な善政競争（政策競争）のためには、議員からの一方的な質問攻めだけでは議論が形骸化してしまう恐れがあります。

このことから、政策提言等について論点・争点を明確にするため、執行機関の側から逆質問できることです。

○歳費《さいひ》

歳費は、国会議員に対して支払われる給与を特に指す語です。地方自治法で規定している議員の給与は「議員報酬」となっていますが、福島町議会は 1 年（通年）を通して議員の活動を行うことから、議員の報酬の名称を単なる役務の提供に対する対価としての「報酬」ではなく、広範な職務の遂行に見合う年俸という性格の「歳費」として規定したものです。

○委員外議員《いいんがいぎいん》

当該委員会の委員でない議員をいいます。

福島町議会では、「総務教育 6 人」、「経済福祉 6 人」「広報・広聴 12 人」の 3 つの常任委員会と「議会運営委員会 5 人」があります。定数の削減による議会活動を低下させることなく、これまで以上に積極的な議員活動の推進を図るために、委員外議員が会議に参加する制限を撤廃しています。

○付属機関

自治体議会が本格的に政策立案等に取り組むためには、当事者や住民の意見を聞く機会を確保することや、専門家からのアドバイスを得たりする議会の付属機関が必要となります。

政策情報や人員数などで執行者側よりハンディがある議会においては、附属機関の設置は必要不可欠です。

地方自治法における議会の付属機関の規定はないので、条例で規定するものです。

これからの首長と議会の関係

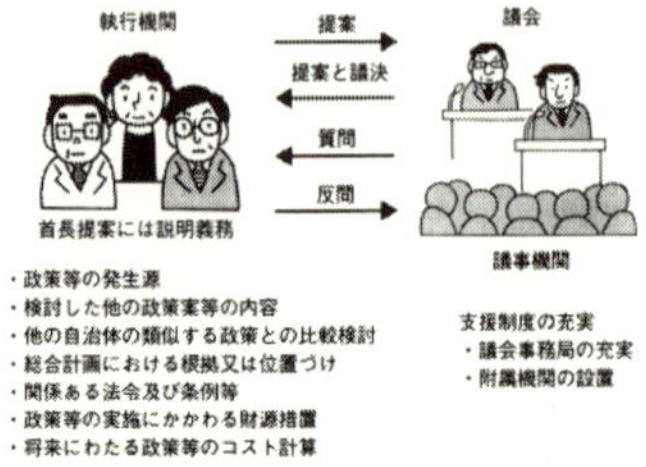

福島町議会基本条例と関連条例等の関係図

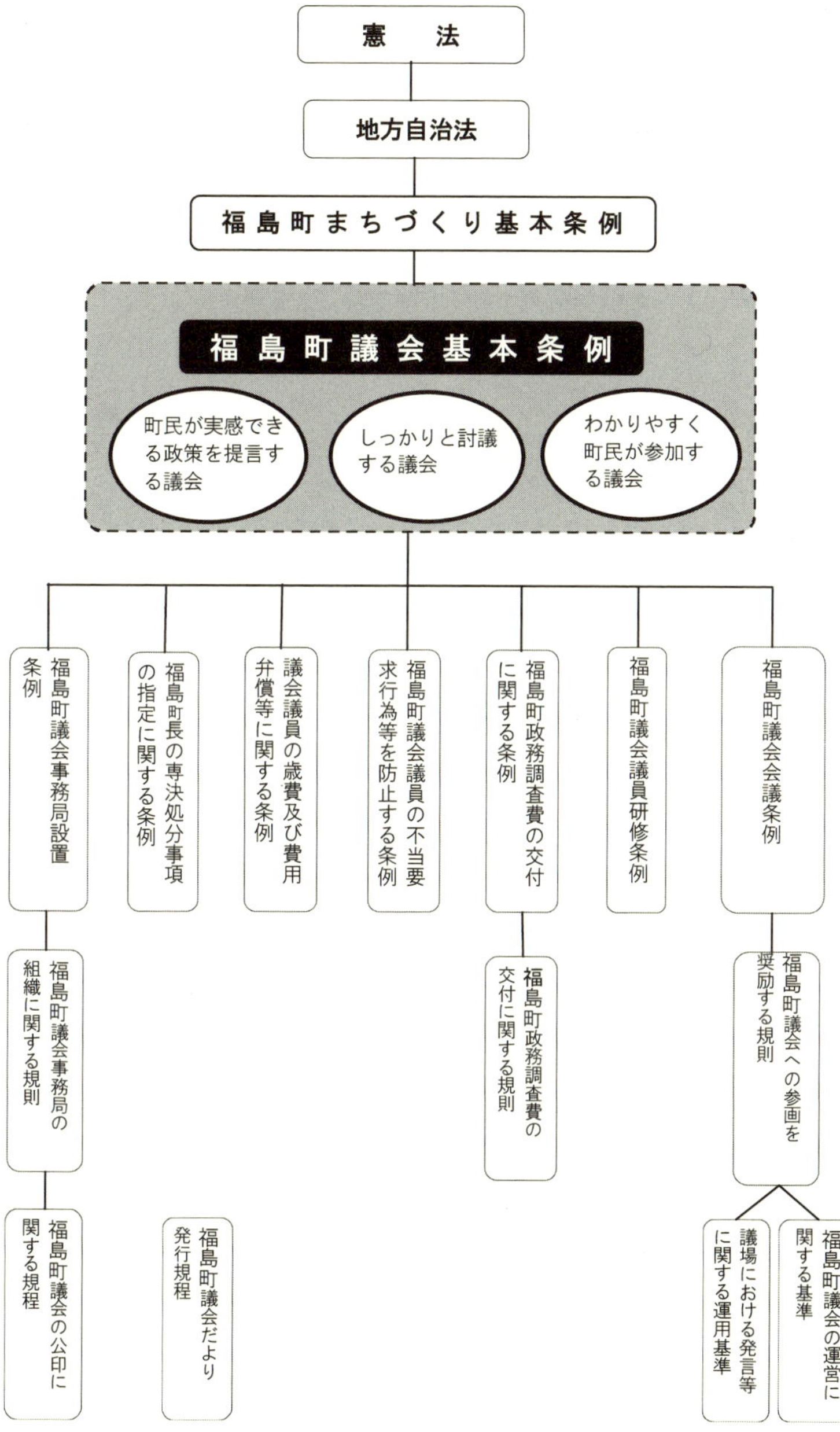
憲　法
地方自治法
福島町まちづくり基本条例
福島町議会基本条例
町民が実感できる政策を提言する議会
しっかりと討議する議会
わかりやすく町民が参加する議会
福島町議会事務局設置条例
福島町長の専決処分事項の指定に関する条例
議会議員の歳費及び費用弁償等に関する条例
福島町議会議員の不当要求行為等を防止する条例
福島町政務調査費の交付に関する条例
福島町議会議員研修条例
福島町議会会議条例
福島町議会事務局の組織に関する規則
福島町政務調査費の交付に関する規則
福島町議会への参画を奨励する規則
福島町議会の公印に関する規程
福島町議会だより発行規程
議場における発言等に関する運用基準
福島町議会の運営に関する基準

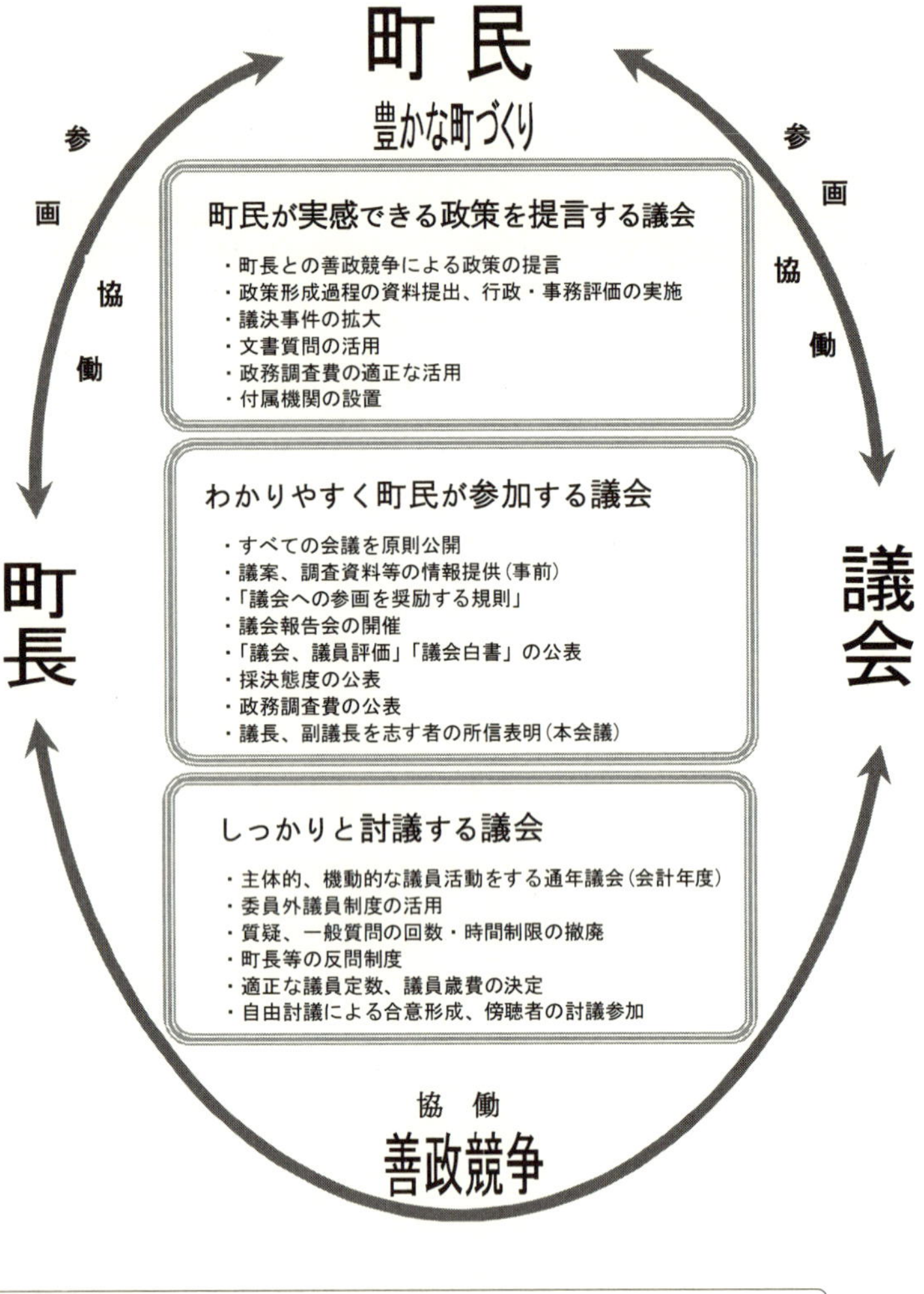

3 議会は、豊かなまちづくりの実現をめざし、町民が実感できる政策の提言・提案に努めます。
4 第１項から前項までに規定するもののほか、本条に関し必要な事項は、福島町議会基本条例（平成年福島町条例号）に定めるところによります。
（議員の責務）

第１３条議員は、この条例の理念を遵守し、町民の信託に対する自らの責任を誠実に果たします。

議会基本条例のイメージ図

福島町民の直接選挙で選ばれた議員により構成される福島町議会と福島町長は、二元代表民主制の下で、合議制、独任制という、それぞれの特性を活かし、緊張関係を維持しながら、政策をめぐる立案・決定・執行・評価（監視）における論点・争点を明確にし、福島町の善政について、競い合い、協力し合う事を常に意識し町政を運営する。

議会は、「議会の主役は議員」、「住民が参画（協働）する議会」、「変化を恐れない議会」と三つの視点で「気がついた事から」、「できる事から」一歩ずつ改革を積み上げ、期待される「開かれた議会」づくりを進めてきました。

過疎、少子高齢化が加速する現状の中で、今後の地方分権改革は、国と地方を「対等・協力」の関係とし、「自由と責任」、「自立と連携」を基本原則とした完全な自治体として「地方政府」を目指すことになります。「地方政府」を担う行政と議会に対する改革の要請は厳しく、責任は重大となり、果たす役割は一層重要となります。（議会基本条例の「前文」から）

こんなことを決めています

- ◆ 町民と議会の協働・情報共有
- ◆ 町長等執行機関との適切な緊張を維持しながらの善政競争
- ◆ 町民・議会・行政が協働しての政策実現にむけての多様な参加・討議
- ◆ 議会・議員の評価制度等適正な議会機能の展開
- ◆ 公開性・公平性・透明性・信頼性の重視等

今後の議会＝議会力アップ

―― その特効薬 ――

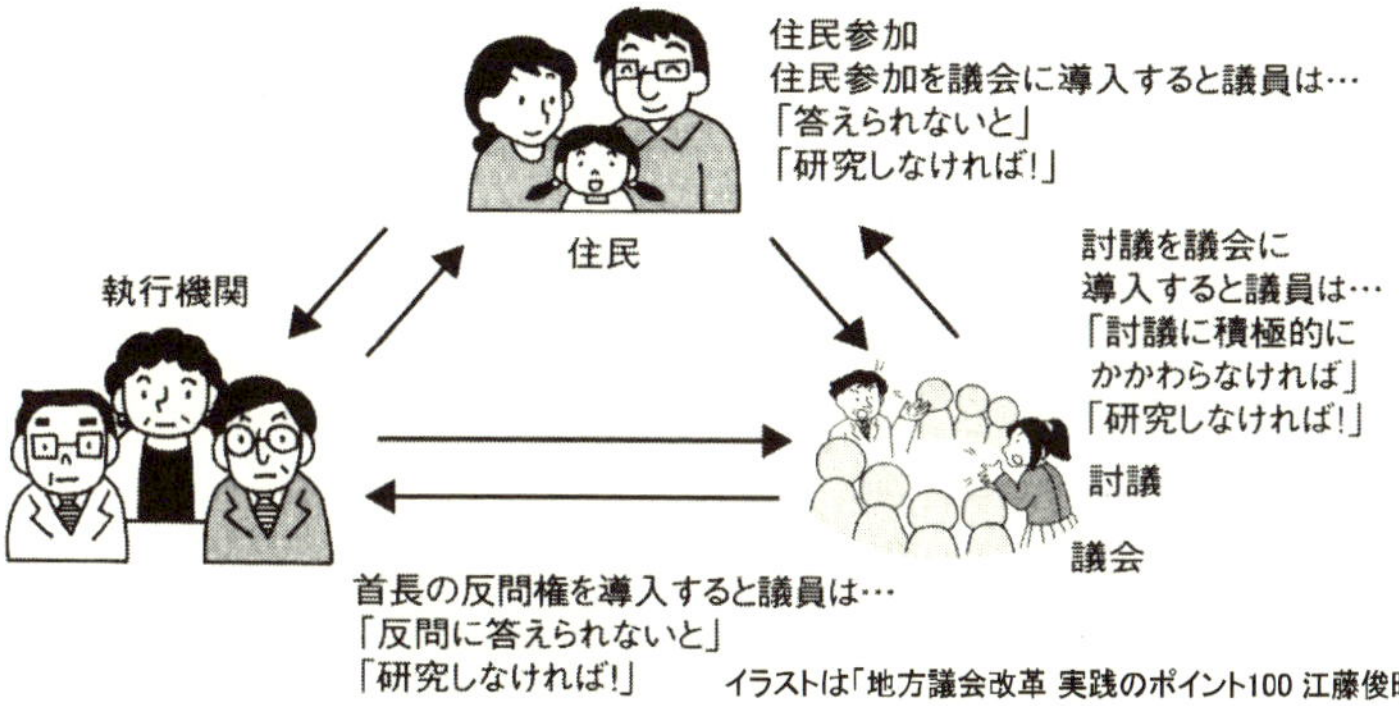
住民参加
住民参加を議会に導入すると議員は…
「答えられないと」
「研究しなければ!」
住民
執行機関
討議を議会に
導入すると議員は…
「討議に積極的に
かかわらなければ」
「研究しなければ!」
討議
議会
首長の反問権を導入すると議員は…
「反問に答えられないと」
「研究しなければ!」

イラストは「地方議会改革 実践のポイント100 江藤俊昭著」から

まちづくり基本条例の抜粋（議会関係）

（議会の役割と責務）

第１２条議会は、町民の代表機関であることを自覚し、民意の把握、さらには、議会への町民参加を推進し、町民に分かりやすい、開かれた議会をめざします。

２ 議会は、議員相互の自由討議により議論を尽くし、議決に当たっては意思決定の過程及びその妥当性を町民に明らかにします。

◆ 掲載内容

議会白書・議会基本条例のイメージ図

まえがき

白書の必要性と福島町議会基本条例での位置付け

福島町議会本条例では、「福島町議会は、憲法・地方自治法を遵守し、町の最高規範である「まちづくり基本条例」における議会・議員の役割と責務に基づき、

一、町民と議会の協働・情報共有

一、町長等執行機関との適切な緊張を維持しながらの善政競争

一、町民・議会・行政が協働しての政策実現にむけての多様な参加・討議

一、議会・議員の評価制度等適正な議会機能の展開

一、公開性・公平性・透明性・信頼性の重視等

を議会基本条例に定め、議会・議員としての使命と責任を強く自覚し、主体的、機動的な議会活動を実践し、町民の負託にこたえ、豊かなまちづくりのために不断の努力を続けなければならない。」と規定している。

このことからその実効性等を明らかにするため、1年間の議会活動の実態や問題点などを報告書として公表し、限りない目的達成のために「福島町議会白書」を作成する。

◆ 参 考（関係条例等）

○福島町議会基本条例（抜粋）

（議会白書、議会・議員の評価）

第17条議会は、町民に議会・議員の活動内容を周知し、情報を共有することにより、議会活動の活性化を図るため、しっかりと現状を把握し議会の基礎的な資料・情報、議会・議員の評価等を１年毎に調製し、議会白書として町民に公表する。

2 議会は、議会の活性化に終焉(えん)のないことを常に認識し、議会評価を１年ごとに適正に行い、評価の結果を町民に公表する。

3 議員は、複数の町民の代表者を擁する議会の一員をなしていることから、多様な議員活動の評価については、自己評価として１年ごとに町民に公表する。

4 議会白書、議会の評価、議員の評価に関する必要な事項は、福島町議会運営基準（平成13年議会基準第１号）で定める。

○福島町議会の運営に関する基準（抜粋）

第16章　議会白書

149　議員の名簿、構成、議会運営や会議の開催状況等をまとめた議会の概要及び開かれた議会づくりの足どりや取り組み事項及び議会、議員の評価等をまとめた開かれた議会づくりの概要を年度のはじめに作成し、これを公表する。

2　議会白書、議会の評価及び議員の評価について必要な事項は、別に要綱で定める。

○【白書】（はく・しよ）の解説

イギリス政府が白表紙の報告書として刊行したことから、経済・社会の実態や行政活動の現状・問題点などを国民に知らせるため、各省庁が一年ごとに発表する政府刊行物。Whitepaper（講談社　日本語大辞典より）

〔資料〕

平成２１年度版

議会白書

議会基本条例イメージ図

北海道福島町議会

http：www.gikai-fukushima.hokkaido.jp
e-mail gikai@town.fukushima.hokkaido.jp

〒049-1392 北海道松前郡福島町字福島 820
☎0139-47-2215 fax47-4002

平成２２年４月作成

議会基本条例に定める議会と議員の活動の実効性を明らかにするため、１年間の議会活動を「福島町議会白書」としてまとめ、公表している。

《著者紹介》

溝部　幸基（みぞべ・こうき）

北海道福島町議会議長

1947年北海道松前町生まれ。北海道立函館西高等学校卒業。商工会経営改善指導員。1975年福島町議会議員当選（8期目）1982年㈲福島通商設立。監査委員・総務教育常任委員長・副議長、1999年9月から議会議長に就任、現在に至る（議長3期目）。

石堂　一志（いしどう・ひとし）

北海道福島町議会事務局長

1954年北海道福島町生まれ。函館有斗高等学校卒業。本田技研・海上自衛隊。1981年福島町役場。1996年4月から議事係長等（11年間）。2007年4月から事務局長（4年目）。

中尾　　修（なかお・おさむ）

東京財団研究員

1949年北海道栗山町生まれ。北海道立栗山高校卒業。1967年栗山町役場。1986年4月から1992年3月まで議事係長（6年間）。2001年4月から2009年3月まで8年間議会事務局長。2009年4月から現職。

神原　　勝（かんばら・まさる）

北海学園大学法学部教授、北海道大学名誉教授

1943年北海道生まれ。中央大学法学部卒業。財団法人東京都政調査会研究員、財団法人地方自治総合研究所研究員、北海道大学大学院法学研究科教授を経て、2005年から現職。

主な著書『資料・革新自治体』（共著、日本評論社、正編1990年、続編1998年）、『現代自治の条件と課題』（北海道町村会、1995年）、『北海道自治の風景』（共著、北海道新聞社、1996年）、『自治基本条例の理論と方法』（公人の友社、2005年）、『栗山町発・議会基本条例』（共著、公人の友社、2006年）、『自治・議会基本条例論』（増補版、公人の友社、2009年）など。

刊行にあたって

歴史的な事情もあって、北海道は中央に依存する遅れた地域とイメージされ、北海道自身もまたそのような北海道観を持ち続けてきたように思われます。けれども北海道には、地域固有の政策資源を活用した必然性のある地域づくりを進める自治体や、自治基本条例・議会基本条例の発祥の地であることが示すように、果敢に政策・制度の開発にいどむ自治体が多数あります。見方を変えれば、北海道はパイオニア自治体の宝庫でもあります。

私たち北海道地方自治研究所は、そうした自治体の営為、いわば自治の先端的な「現場」と直接・間接にかかわりながら、北海道における自治の土壌を豊かにすることを願って、市民・自治体職員・長・議員のみなさん、また研究者の方々とともに、各種の研究会・講演会の開催、調査活動、月刊「北海道自治研究」誌の発行などを行ってきました。そうした当研究所のこれまでの活動に、このたび「北海道自治研ブックレット」の刊行を加えることにしました。

自治をめぐる環境や条件は大きく変化しています。今後も続く市民活動を起点とする分権改革、また国の政策失敗を主因とする自治体財政の窮状は、自治体の自立および運営における自律の規範と機構の確立をいっそう強く求めています。このような状況にあって、自治体を市民の政府として構築するためには、市民自治の理論・方法・技術をみがくことが不可欠となっています。このブックレットの刊行が、これらの課題にこたえる一助となれば幸です。

教える者と教わる者が固定化し、上下や序列で区別される時代は終わりました。自治体職員・長・議員を含めた市民が培う生活的・職業的専門性をいかす観点から、人・テーマ・時・場に応じて、自由に立場をかえて教えあい学びあう、いわば相互学習の広場にこのブックレット刊行の事業を育てたいものです。ブックレットを通じて、普遍性ある豊かな自治の構想や理論、斬新な営為との出会いが厚みを増していくことを願っています。

二〇〇七年八月

社団法人・北海道地方自治研究所　理事長　神原　勝

北海道自治研ブックレット No. 3
福島町の議会改革 議会基本条例　開かれた議会づくりの集大成

2010年9月30日　初版発行　　定価（本体1,200円＋税）

著　者　溝部幸基・石堂一志・中尾　修・神原　勝
企　画　北海道自治研究所
発行人　武内英晴
発行所　公人の友社
〒112-0002 東京都文京区小石川５－２６－８
ＴＥＬ ０３－３８１１－５７０１
ＦＡＸ ０３－３８１１－５７９５
Ｅメール koujin@alpha.ocn.ne.jp
http://www.e-asu.com/koujin/

「官治・集権」から

「自治・分権」へ

市民・自治体職員・研究者のための

自治・分権テキスト

《出版図書目録》
2010.10

公人の友社
112-0002　東京都文京区小石川５－26－８
TEL　03-3811-5701
FAX　03-3811-5795
メールアドレス　koujin@alpha.ocn.ne.jp

●ご注文はお近くの書店へ

小社の本は店頭にない場合でも、注文すると取り寄せてくれます。

書店さんに「公人の友社の『○○○○』をとりよせてください」とお申し込み下さい。５日おそくとも10日以内にお手元に届きます。

●直接ご注文の場合は

電話・ＦＡＸ・メールでお申し込み下さい。（送料は実費）

TEL　03-3811-5701　FAX　03-3811-5795
メールアドレス　koujin@alpha.ocn.ne.jp

（価格は、本体表示、消費税別）

北海道自治研ブックレット

No.1
市民・自治体・政治
再論・人間型としての市民
松下圭一　1,200円

No.2
議会基本条例の展開
その後の栗山町議会を検証する
橋場利勝・中尾修・神原勝
1,200円

No.3
福島町の議会改革
議会基本条例
～開かれた議会づくりの集大成
溝部幸基・石堂一志・中尾修
・神原勝　1,200円

福島大学ブックレット『21世紀の市民講座』

No.1
外国人労働者と地域社会の未来
桑原靖夫・香川孝三（著）
坂本恵（編著）　900円

No.2
自治体政策研究ノート
今井　照　900円

No.3
住民による「まちづくり」の作法
今西一男　1,000円

No.4
格差・貧困社会における市民の権利擁護
金子　勝　900円

No.5
法学の考え方・学び方
イェーリングにおける「秤」と「剣」
富田　哲　900円

No.6
今なぜ権利擁護か
―ネットワークの重要性―
高野範城・新村繁文　1,000円

No.7
小規模自治体の可能性を探る
保母武彦・菅野典雄・佐藤力・
竹内是俊・松野光伸　1,000円

都市政策フォーラムブックレット

（首都大学東京・都市教養学部
都市政策コース　企画）

No.1
「新しい公共」と新たな支え合いの創造へ―多摩市の挑戦―
首都大学東京・都市政策コース
900円

No.2
景観形成とまちづくり
―「国立市」を事例として―
首都大学東京・都市政策コース
1,000円

No.3
都市の活性化とまちづくり
―「制度設計から現場まで」―
首都大学東京・都市政策コース
1,000円

TAJIMI CITY ブックレット

No.2
転型期の自治体計画づくり
松下圭一　1,000円

No.3
これからの行政活動と財政
西尾勝　1,000円

No.4
構造改革時代の手続的公正と
第2次分権改革
手続的公正の心理学から
鈴木庸夫　1,000円

No.5
自治基本条例はなぜ必要か
辻山幸宣　1,000円［品切れ］

No.6
自治のかたち法務のすがた
政策法務の構造と考え方
天野巡一　1,100円

No.7
自治体再構築における
行政組織と職員の将来像
今井照　1,100円

No.8
持続可能な地域社会のデザイン
植田和弘　1,000円

No.9
政策財務の考え方
加藤良重　1,000円

No.10
市場化テストをいかに導入すべきか　～市民と行政
竹下譲　1,000円

No.11
市場と向き合う自治体
小西砂千夫・稲沢克祐　1,000円

地域ガバナンスシステム・シリーズ

（龍谷大学地域人材・公共政策開発システム　オープン・リサーチ・センター企画・編集）

No.1
地域人材を育てる
自治体研修改革
土山希美枝　900円

No.2
公共政策教育と認証評価システム―日米の現状と課題―
坂本勝　編著　1,100円

No.3
暮らしに根ざした心地良いまち
野呂昭彦・逢坂誠二・関原剛・
吉本哲郎・白石克孝・堀尾正靭
1,100円

No.4
持続可能な都市自治体づくりのためのガイドブック
「オルボー憲章」「オルボー誓約」
翻訳所収
1,100円

No.5
英国における地域戦略パートナーシップの挑戦
白石克彦編・的場信敬監訳　900円

No.6
マーケットと地域をつなぐパートナーシップ
協会という連帯のしくみ
白石克彦編・園田正彦著　1,000円

No.7
政府・地方自治体と市民社会の戦略的連携
—英国コンパクトにみる先駆性—
的場信敬編著　1,000円

No.8
財政縮小時代の人材戦略
多治見モデル
大矢野修編著　1,400円

No.10
行政学修士教育と人材育成
—米中の現状と課題—
坂本勝著　1,100円

No.11
アメリカ公共政策大学院の認証評価システムと評価基準
—NASPAAのアクレディテーションの検証を通して—
早田幸政　1,200円

地方自治土曜講座ブックレット

No.2
自治体の政策研究
森啓　600円

No.22
地方分権推進委員会勧告とこれからの地方自治
西尾勝　500円

No.34
政策立案過程への「戦略計画」
少子高齢社会と自治体の福祉法務
加藤良重　400円

No.42
改革の主体は現場にあり
山田孝夫　900円

No.43
自治と分権の政治学
鳴海正泰　1,100円

No.44
公共政策と住民参加
宮本憲一　1,100円

No.45
農業を基軸としたまちづくり
小林康雄　800円

No.46
これからの北海道農業とまちづくり
篠田久雄　800円

No.47
自治の中に自治を求めて
佐藤守　1,000円

No.48
介護保険は何を変えるのか
池田省三　1,100円

No.49
介護保険と広域連合
大西幸雄　1,000円

No.50
自治体職員の政策水準
森啓　1,100円

No.51
分権型社会と条例づくり
篠原一　1,000円

No.52
自治体における政策評価の課題
佐藤克廣　1,000円

No.53
小さな町の議員と自治体
室崎正之　900円

No.54
改正地方自治法とアカウンタビリティ
鈴木庸夫　1,200円

No.56
財政運営と公会計制度
宮脇淳　1,100円

No.59
環境自治体とＩＳＯ
畠山武道　700円

No.60
転型期自治体の発想と手法
松下圭一　900円

No.61
分権の可能性
スコットランドと北海道
山口二郎　600円

No.62
機能重視型政策の分析過程と財務情報
宮脇淳　800円

No.63
自治体の広域連携
佐藤克廣　900円

No.64
分権時代における地域経営
見野全　700円

No.65
町村合併は住民自治の区域の変更である。
森啓　800円

No.66
自治体学のすすめ
田村明　900円

No.67
市民・行政・議会のパートナーシップを目指して
松山哲男　700円

No.69
新地方自治法と自治体の自立
井川博　900円

No.70
分権型社会の地方財政
神野直彦　1,000円

No.71
自然と共生した町づくり
宮崎県・綾町
森山喜代香　700円

No.72
情報共有と自治体改革
ニセコ町からの報告
片山健也　1,000円

No.73
地域民主主義の活性化と自治体改革
山口二郎　600円

No.74
分権は市民への権限委譲
上原公子　1,000円

No.75
今、なぜ合併か
瀬戸亀男　800円

No.76
市町村合併をめぐる状況分析
小西砂千夫　800円

No.78
ポスト公共事業社会と自治体政策
五十嵐敬喜　800円

No.80
自治体人事政策の改革
森啓　800円

No.82
地域通貨と地域自治
西部忠　900円

No.83
北海道経済の戦略と戦術
宮脇淳　800円

No.84
地域おこしを考える視点
矢作弘　700円

No.87
北海道行政基本条例論
神原勝　1,100円

No.90
「協働」の思想と体制
森啓　800円

No.91
協働のまちづくり
三鷹市の様々な取組みから
秋元政三　700円

No.92
シビル・ミニマム再考
ベンチマークとマニフェスト
松下圭一　900円

No.93
市町村合併の財政論
高木健二　800円

No.95
市町村行政改革の方向性
～ガバナンスとＮＰＭのあいだ
佐藤克廣　800円

No.96
創造都市と日本社会の再生
佐々木雅幸　800円

No.97
地方政治の活性化と地域政策
山口二郎　800円

No.98
多治見市の政策策定と政策実行
西寺雅也　800円

No.99
自治体の政策形成力
森啓　700円

No.100
自治体再構築の市民戦略
松下圭一　900円

No.101
維持可能な社会と自治
～『公害』から『地球環境』へ
宮本憲一　900円

No.102
道州制の論点と北海道
佐藤克廣　1,000円

No.103
自治体基本条例の理論と方法
神原勝　1,100円

No.104
働き方で地域を変える
～フィンランド福祉国家の取り組み
山田眞知子　800円

No.107
公共をめぐる攻防
～市民的公共性を考える
樽見弘紀　600円

No.108
三位一体改革と自治体財政
岡本全勝・山本邦彦・北良治・逢坂誠二・川村喜芳　1,000円

No.109
連合自治の可能性を求めて
サマーセミナー in 奈井江
松岡市郎・堀則文・三本英司・佐藤克廣・砂川敏文・北良治　他　1,000円

No.110
「市町村合併」の次は「道州制」か
高橋彦芳・北良治・脇紀美夫・碓井直樹・森啓　1,000円

No.111
コミュニティビジネスと建設帰農
松本懿・佐藤吉彦・橋場利夫・山北博明・飯野政一・神原勝　1,000円

No.112
「小さな政府」論とはなにか
牧野富夫　700円

No.113
栗山町発・議会基本条例
橋場利勝・神原勝　1,200円

No.114
北海道の先進事例に学ぶ
宮谷内留雄・安斎保・見野全・佐藤克廣・神原勝　1,000円

No.115
地方分権改革のみちすじ
—自由度の拡大と所掌事務の拡大—
西尾勝　1,200円

No.116
転換期における日本社会の可能性
—維持可能な内発的発展—
宮本憲一　1,000円

地方自治ジャーナルブックレット

No.3
使い捨ての熱帯林
熱帯雨林保護法律家リーグ　971円

No.4
自治体職員世直し志士論
村瀬誠　971円

No.8
市民的公共性と自治
今井照　1,166円［品切れ］

No.9
ボランティアを始める前に
佐野章二　777円

No.10
自治体職員の能力
自治体職員能力研究会　971円

No.11
パブリックアートは幸せか
山岡義典　1,166円

No.12
市民がになう自治体公務
パートタイム公務員論研究会　1,359円

No.13
行政改革を考える
山梨学院大学行政研究センター
1,166円

No.14
上流文化圏からの挑戦
山梨学院大学行政研究センター
1,166円

No.15
市民自治と直接民主制
高寄昇三　951円

No.16
議会と議員立法
上田章・五十嵐敬喜　1,600円

No.17
分権段階の自治体と政策法務
松下圭一他　1,456円

No.18
地方分権と補助金改革
高寄昇三　1,200円

No.19
分権化時代の広域行政
山梨学院大学行政研究センター
1,200円

No.20
あなたのまちの学級編成と地方分権
田嶋義介　1,200円

No.21
自治体も倒産する
加藤良重　1,000円

No.22
ボランティア活動の進展と自治体の役割
山梨学院大学行政研究センター
1,200円

No.23
新版・2時間で学べる「介護保険」
加藤良重　800円

No.24
男女平等社会の実現と自治体の役割
山梨学院大学行政研究センター
1,200円

No.25
市民がつくる東京の環境・公害条例
市民案をつくる会　1,000円

No.26
東京都の「外形標準課税」はなぜ正当なのか
青木宗明・神田誠司　1,000円

No.27
少子高齢化社会における福祉のあり方
山梨学院大学行政研究センター
1,200円

No.28
財政再建団体
橋本行史　1,000円［品切れ］

No.29
交付税の解体と再編成
高寄昇三　1,000円

No.30
町村議会の活性化
山梨学院大学行政研究センター
1,200円

No.31
地方分権と法定外税
外川伸一　800円

No.32
東京都銀行税判決と課税自主権
高寄昇三　1,000円

No.33
都市型社会と防衛論争
松下圭一　900円

No.34
中心市街地の活性化に向けて
山梨学院大学行政研究センター
1,200円

No.35
自治体企業会計導入の戦略
高寄昇三　1,100円

No.36
行政基本条例の理論と実際
神原勝・佐藤克廣・辻道雅宣
1,100円

No.37
市民文化と自治体文化戦略
松下圭一　800円

No.38
まちづくりの新たな潮流
山梨学院大学行政研究センター
1,200円

No.39
ディスカッション・三重の改革
中村征之・大森彌　1,200円

No.40
政務調査費
宮沢昭夫　1,200円

No.41
市民自治の制度開発の課題
山梨学院大学行政研究センター
1,100円

No.42
《改訂版》自治体破たん・「夕張ショック」の本質
橋本行史　1,200円

No.43
分権改革と政治改革
～自分史として
西尾勝　1,200円

No.44
自治体人材育成の着眼点
浦野秀一・井澤壽美子・野田邦弘・西村浩・三関浩司・杉谷知也・坂口正治・田中富雄　1,200円

No.45
障害年金と人権
—代替的紛争解決制度と大学・専門集団の役割—
橋本宏子・森田明・湯浅和恵・池原毅和・青木久馬・澤静子・佐々木久美子　1,400円

No.46
地方財政健全化法で財政破綻は阻止できるか
夕張・篠山市の財政運営責任を追及する
高寄昇三　1,200円

No.47
地方政府と政策法務
市民・自治体職員のための基本テキスト
加藤良重　1,200円

No.48
政策財務と地方政府
市民・自治体職員のための基本テキスト
加藤良重　1,400円

No.49
政令指定都市がめざすもの
高寄昇三　1,400円

No.50
良心的裁判員拒否と責任ある参加
～市民社会の中の裁判員制度～
大城聡　1,000円

No.51
討議する議会
～自治のための議会学の構築をめざして～
江藤俊昭　1,200円

No.52
大阪都構想と橋下政治の検証
―府県集権主義への批判―
高寄昇三　1,200円

朝日カルチャーセンター
地方自治講座ブックレット

No.1
自治体経営と政策評価
山本清　1,000円

No.2
ガバメント・ガバナンスと行政評価システム
星野芳昭　1,000円

No.4
政策法務は地方自治の柱づくり
辻山幸宣　1,000円

No.5
政策法務がゆく
北村喜宣　1,000円

政策・法務基礎シリーズ
―東京都市町村職員研修所編

No.1
これだけは知っておきたい自治立法の基礎
600円

No.2
これだけは知っておきたい政策法務の基礎
800円

シリーズ「生存科学」
（東京農工大学生存科学研究拠点 企画・編集）

No.2
再生可能エネルギーで地域がかがやく
―地産地消型エネルギー技術―
秋澤淳・長坂研・堀尾正靱・小林久
1,100円

No.4
地域の生存と社会的企業
―イギリスと日本との比較をとおして―
柏雅之・白石克孝・重藤さわ子
1,200円

No.5
地域の生存と農業知財
澁澤栄・福井隆・正林真之
1,000円

No.6
風の人・土の人
―地域の生存とＮＰＯ―
千賀裕太郎・白石克孝・柏雅之・福井隆・飯島博・曽根原久司・関原剛
1,400円

No.7
地域からエネルギーを引き出せ！
PEGASUS ハンドブック
（環境エネルギー設計ツール）
堀尾正靱・重藤さわ子・定松功・土山希美枝
1,400円

自治体再構築

松下圭一（法政大学名誉教授）　定価 2,800 円

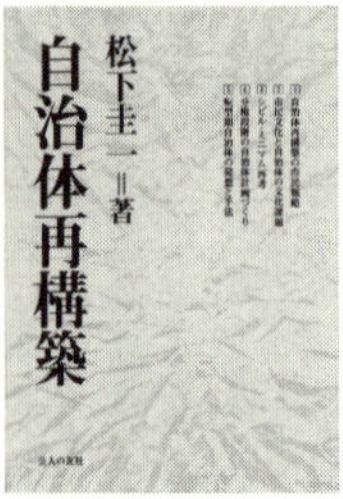

●官治・集権から自治・分権への転型期にたつ日本は、政治・経済・文化そして軍事の分権化・国際化という今日の普遍課題を解決しないかぎり、閉鎖性をもった中進国状況のまま、財政破綻、さらに「高齢化」「人口減」とあいまって、自治・分権を成熟させる開放型の先進国状況に飛躍できず、衰退していくであろう。
●この転型期における「自治体改革」としての〈自治体再構築〉をめぐる 2000 年～ 2004 年までの講演ブックレットの 総集版。

1　自治体再構築の市民戦略
2　市民文化と自治体の文化戦略
3　シビル・ミニマム再考
4　分権段階の自治体計画づくり
5　転型期自治体の発想と手法

社会教育の終焉 ［新版］

松下圭一（法政大学名誉教授）　定価 2,625 円

●86年の出版時に社会教育関係者に厳しい衝撃を与えた幻の名著の復刻・新版。
●日本の市民には、〈市民自治〉を起点に分権化・国際化をめぐり、政治・行政、経済・財政ついで文化・理論を官治・集権型から自治・分権型への再構築をなしえるか、が今日あらためて問われている。

序章　日本型教育発想
Ⅰ　公民館をどう考えるか
Ⅱ　社会教育行政の位置
Ⅲ　社会教育行政の問題性
Ⅳ　自由な市民文化活動
終章　市民文化の形成　　あとがき　　新版付記

増補 自治・議会基本条例論　自治体運営の先端を拓く

神原　勝（北海学園大学教授・北海道大学名誉教授）　定価 2,625 円

生ける基本条例で「自律自治体」を創る。その理論と方法を詳細に説き明かす。7 年の試行を経て、いま自治体基本条例は第 2 ステージに進化。めざす理想型、総合自治基本条例＝基本条例＋関連条例

プロローグ
Ⅰ　自治の経験と基本条例の展望
Ⅱ　自治基本条例の理論と方法
Ⅲ　議会基本条例の意義と展望
エピローグ
条例集
1　ニセコ町まちづくり基本条例
2　多治見市市政基本条例
3　栗山町議会基本条例

自律自治体の形成　すべては財政危機との闘いからはじまった

西寺雅也（前・岐阜県多治見市長）　四六判・282 頁　定価 2,730 円

ISBN978-4-87555-530-8 C3030

多治見市が作り上げたシステムは、おそらく完結性という点からいえば他に類のないシステムである、と自負している。そのシステムの全貌をこの本から読み取っていただければ、幸いである。

（「あとがき」より）

Ⅰ　すべては財政危機との闘いからはじまった
Ⅱ　市政改革の土台としての情報公開・市民参加・政策開発
Ⅲ　総合計画（政策）主導による行政経営
Ⅳ　行政改革から「行政の改革」へ
Ⅴ　人事制度改革
Ⅵ　市政基本条例
終章　自立・自律した地方政府をめざして
資料・多治見市市政基本条例

フィンランドを世界一に導いた 100 の社会政策

フィンランドのソーシャル・イノベーション

イルッカ・タイパレ - 編著　山田眞知子 - 訳者

A5 判・306 頁　定価 2,940 円　ISBN978-4-87555-531-5 C3030

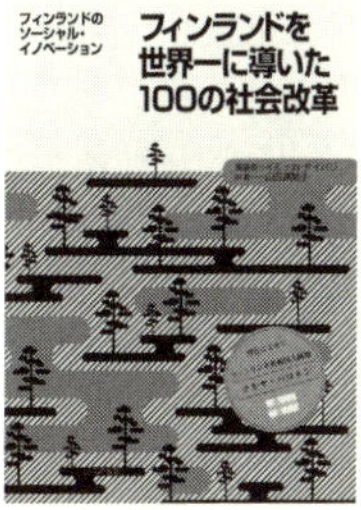

フィンランドの強い競争力と高い生活水準は、個人の努力と自己開発を動機づけ、同時に公的な支援も提供する、北欧型福祉社会に基づいています。民主主義、人権に対する敬意、憲法国家の原則と優れた政治が社会の堅固な基盤です。

‥‥この本の 100 余りの論文は、多様でかつ興味深いソーシャルイノベーションを紹介しています。‥フィンランド社会とそのあり方を照らし出しているので、私は、読者の方がこの本から、どこにおいても応用できるようなアイディアを見つけられると信じます。

（刊行によせて - フィンランド共和国大統領　タルヤ・ハロネン）

公共経営入門 ―公共領域のマネジメントとガバナンス

トニー・ボベール／エルク・ラフラー - 編著　みえガバナンス研究会 - 翻訳

A5 判・250 頁　定価 2,625 円　ISBN978-4-87555-533-9 C3030

本書は、大きく３部で構成されている。まず第１部では、ＮＰＭといわれる第一世代の行革から、多様な主体のネットワークによるガバナンスまで、行政改革の国際的な潮流について概観している。第２部では、行政分野のマネジメントについて考察している。………本書では、行政と企業との違いを踏まえた上で、民間企業で発展した戦略経営やマーケティングをどう行政経営に応用したらよいのかを述べている。第３部では、最近盛んになった公共領域についてのガバナンス論についてくわしく解説した上で、ガバナンスを重視する立場からは地域社会や市民とどう関わっていったらよいのかなどについて述べている。（「訳者まえがき」より）

「自治体憲法」創出の地平と課題

—上越市における自治基本条例の制定事例を中心に—

石平春彦（新潟県・上越市議会議員）　Ａ５判・208 頁　定価 2,100 円

ISBN978-4-87555-542-1 C3030

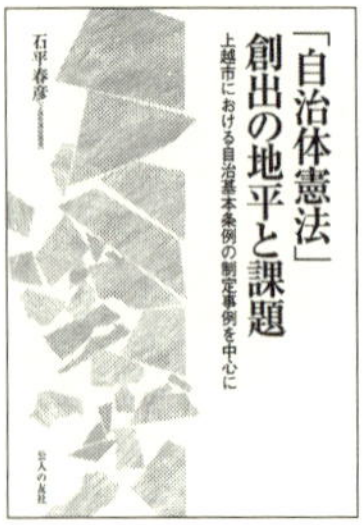

「上越市基本条例」の制定過程で、何が問題になりそれをどのように解決してきたのか。ひとつひとつの課題を丁寧に整理し記録。

現在「自治基本条例」制定に取り組んでいる方々はもちろん、これから取り組もうとしている方々のための必読・必携の書。

自治体政府の福祉政策

加藤　良重著　A5 判 ・238 頁　定価 2,625 円　ISBN978-4-87555-541-4 C3030

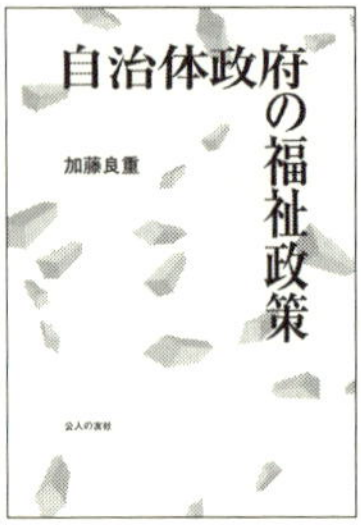

本書では、政府としての自治体（自治体政府）の位置・役割を確認し、福祉をめぐる環境の変化を整理し、政策・計画と法務・財務の意義をあきらかにして、自治体とくに基礎自治体の福祉政策・制度とこれに関連する国の政策・制度についてできるかぎり解りやすくのべ、問題点・課題の指摘と改革の提起もおこなった。

鴎外は何故袴をはいて死んだのか

志田　信男著　四六判 ・250 頁　定価 2,625 円　ISBN978-4-87555-540-7 C0020

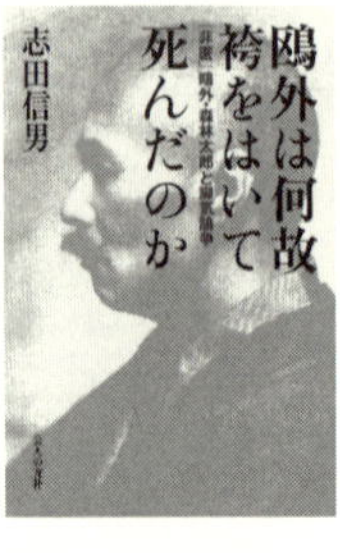

「医」は「医学」に優先し、「患者を救わん」（養生訓）ことを第一義とするテクネー（技術）なのである！

陸軍軍医中枢部の権力的エリート軍医**「鴎外」は**「脚気病原菌説」に固執して、日清・日露戦役で３万数千人の脚気による戦病死者を出してしまう！

そして手の込んだ謎の遺書を残し、袴をはいたまま死んだ。何故か！？

その遺書と行為に込められたメッセージを今解明する。

大正地方財政史・上下巻

高寄昇三（甲南大学名誉教授）　Ａ５判・上282頁、下222頁　各定価5,250円
（上）ISBN978-4-87555-530-8 C3030　（下）ISBN978-4-87555-530-8 C3030

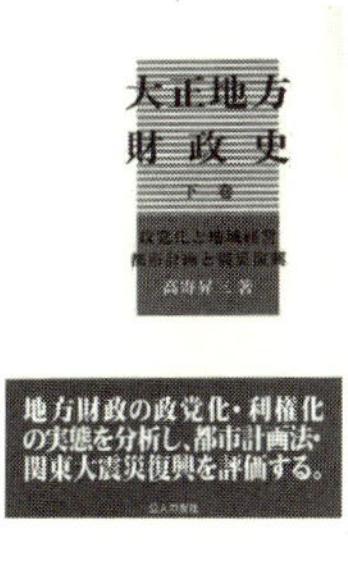

大正期の地方財政は、大正デモクラシーのうねりに呼応して、中央統制の厚い壁を打ち崩す。義務教育費国庫負担制の創設、地方税制限法の大幅緩和、政府資金の地方還元など、地方財源・資金の獲得に成功する。しかし、地租委譲の挫折、土地増価税の失敗、大蔵省預金部改革の空転など、多くが未完の改革として、残された。政党政治のもとで、大正期の地方自治体は、どう地域開発、都市計画、社会事業に対応していったか、また、関東大震災復興は、地方財政からみてどう評価すべきかを論及する。

（上巻）1 大正デモクラシーと地方財政　2 地方税改革と税源委譲
　3 教育国庫負担金と町村財政救済　4 地方債資金と地方還元
（下巻）1 地方財政運営と改革課題　2 府県町村財政と地域再生
　3 都市財政運用と政策課題

昭和地方財政史　第一巻

地域格差と両税委譲　分与税と財政調整

高寄昇三（甲南大学名誉教授）　Ａ５判・394頁、定価5,250円　ISBN978-4-87555-570-4 C3033

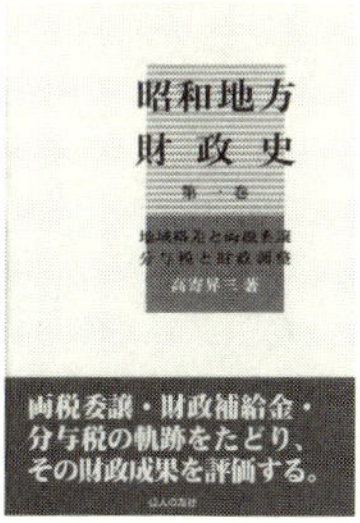

本書は、昭和15年の地方財政改革の効果を分析して、集権・分権のいずれが、地方財政改革における、適正な政策的対応であったかを、検証する。

第１章 地方財政と地域格差
　1 経済変動と地方財政構造、2 地方税改革と負担不均衡
第２章 地方税改革と税源委譲
　1 両税委譲と馬場地方税改革、2 昭和15年改革と地方税体系
第３章 地方財政改革と財政調整制度
　1 国庫補助金と財政補給金、2 地方分与税と小学校費府県化
第４章 昭和15年快活の総括評価
　1 財源調整・保障効果の分析、2 地方財政再編成の政策検証

総括・介護保険の10年　～2012年改正の論点～

編者 鏡　諭　著者 介護保険原点の会　Ａ５判・200頁　定価2,310円
ISBN978-4-87555-566-7 C3030

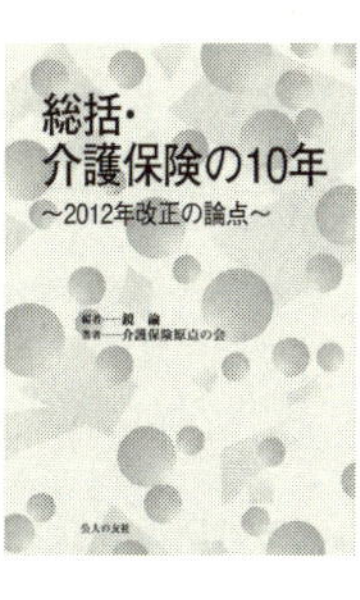

介護保険創設に関わった厚生省・自治体職員の研究会「介護保険原点の会」メンバーが、介護保険の10年を総括し、この後やって来る2012年改正に向けた課題・論点の整理を行おうという企画から生まれた貴重な記録です。

自治体・国の担当者はもちろん、介護事業者・職員、研究者など介護保険に関わるすべての人の必読書です。

第１部　介護保険原点の会・合宿
第２部　討論2012年改正に向けて　政策課題と論点
第３部　復命記録に見る介護保険の政策論点

私たちの世界遺産 1　持続可能な美しい地域づくり

世界遺産フォーラム in 高野山

五十嵐敬喜・アレックス・カー・西村幸夫　編著

A5 判 ・306 頁　定価 2,940 円　　ISBN978-4-87555-512--4 C0036

世界遺産は、世界中の多くの人が「価値」があると認めたという一点で、それぞれの町づくりの大きな目標になるのである。それでは世界遺産は実際どうなっているのか。これを今までのように「文化庁」や「担当者」の側からではなく、国民の側から点検したい。
　本書は、こういう意図から 2007 年 1 月に世界遺産の町「高野山」で開かれた市民シンポジウムの記録である。　（「はじめに」より）

何故、今「世界遺産」なのか　五十嵐敬喜
美しい日本の残像　world heritage としての高野山　アレックス・カー
世界遺産検証　世界遺産の意味と今後の発展方向　西村幸夫

私たちの世界遺産 2　地域価値の普遍性とは

世界遺産フォーラム in 福山

五十嵐敬喜・西村幸夫　編著

A5 判 ・250 頁　定価 2,625 円　　ISBN978-4-87555-533-9 C3030

　本書は、大きく３部で構成されている。まず第１部では、ＮＰＭといわれる第一世代の行革から、多様な主体のネットワークによるガバナンスまで、行政改革の国際的な潮流について概観している。第２部では、行政分野のマネジメントについて考察している。………本書では、行政と企業との違いを踏まえた上で、民間企業で発展した戦略経営やマーケティングをどう行政経営に応用したらよいのかを述べている。第３部では、最近盛んになった公共領域についてのガバナンス論についてくわしく解説した上で、ガバナンスを重視する立場からは地域社会や市民とどう関わっていったらよいのかなどについて述べている。　（「訳者まえがき」より）

私たちの世界遺産 3　世界遺産登録・最新事情

長崎・南アルプス

五十嵐敬喜・西村幸夫　編著

A5 判 ・156 頁　定価 1,890 円　　ISBN978-4-87555-562-9 C0036

第１部　シンポジウム記録　第３回世界遺産フォーラム in 長崎
〈基調講演〉平泉における取り組みの経過　千葉信胤
　世界遺産登録の動向について　西村幸夫
〈パネルディスカッション〉
　長崎の教会群の世界遺産登録と「秩序ある公開」
第２部　南アルプス世界遺産登録に向けて
　世界自然遺産と南アルプス世界自然遺産登録推進協議会活動の紹介／南アルプス世界自然遺産登録に向けて何が必要か（岩槻邦男）／地形・地質から見た南アルプスの特質（狩野謙一）／昆虫類から見た南アルプス（中村寛志）／南アルプスの高山植物（増沢武弘）